MW01639577

BUEN PROVECHO

comida china

JENNY STACEY

p

Queen Street House
4 Queen Street
Bath BA1 1HE,
Reino Unido

Dirección artística: Ron Samuels
Dirección editorial: Sydney Francis
Asesor editorial: Christopher Fagg
Coordinación del Proyecto: Jo-Anne Cox
Edición: Linda A. Doeser
Diseño: Digital Artworks Partnership Ltd
Fotografía: Andrew Sydenham
Economía del hogar: Kathryn Hawkins

Traducción del inglés, redacción y maquetación:
Atlas Translations Ltd

Printed in China
ISBN 1-40540-816-2

Nota

Si no se indica lo contrario, se supone que la leche es entera, los huevos son de tamaño mediano y la pimienta es pimienta negra recién molida.

Contenido

Introducción

En el Occidente tendemos a generalizar cuando hablamos de la comida china, como si fuera igual en toda la China. De hecho, China es un país enorme, con gran diversidad de topografía y climas que generan diferencias regionales distintivas. La disponibilidad de los ingredientes varía de una región a otra y dado que los chinos utilizan ingredientes frescos en la mayoría de su comida, los platos se ven influenciados por esta disponibilidad.

Este libro contiene recetas que son populares, tanto en la China como en el Occidente. Platos de Szechuan en el Oeste, Cantón en el Sur, Pekín en el Norte y Shanghai en el Este ofrecen una maravillosa variedad de sabores y métodos para cocinar. Este libro muestra los métodos de cocina actuales de la China, que producen saludables platos llenos de color, textura y sabor con el uso de simples ingredientes. Los platos incluidos en este libro van desde la comida picante con muchas especias hasta sabores delicados con pescado y verduras, platos agridulces, arroz, fideos y una pequeña sección de postres.

Una de las características más importantes de la comida china es su textura. Las verduras deben permanecer crujientes y el arroz y los fideos deben prepararse como la pasta y retener su 'consistencia'. Se utilizan ingredientes como el tofu (queso de soja) para la textura aunque tienen poco sabor solos. Los tallos de bambú, un ingrediente común, se incluyen sólo para la textura.

Aunque los chinos utilizan productos regionales frescos, también utilizan productos secos en sus recetas, particularmente champiñones, tofu (queso de soja), fideos y especias. Estos productos se desarrollaron originalmente para preservar los alimentos pero en la actualidad se utilizan ampliamente.

VARIACIONES REGIONALES

En Pekín, el clima frío del norte afecta significativamente a la comida. En esta región hay mucha variedad que ha heredado las influencias de las cortes de los Mandarines y también tiene influencia de Manchuria y Mongolia. El trigo es más popular que el arroz y muchas de las recetas de fideos, crepes y bolitas de masa se originaron en esta área. También suelen cocinar diferentes tipos de carne a la parrilla, glaseados o asados. Las salsas son espesas y ricas, con muchas especias, salsa de soja y ajo. La carne más popular de esta zona es el cordero, como resultado de la influencia mongola.

La comida cantonesa del sur es totalmente diferente. Aquí el salteado (stir-fry) produce una comida rica, inventiva y llena de colorido. Los comerciantes y viajeros han influido en la cocina, y el clima subtropical, perfecto para el cultivo de frutas, propicia que muchos de los platos incluyan fruta así como pescado y mariscos. En el sur se consume muy poca carne, aunque es famoso por su comida 'roja', es decir, glaseada con salsa de soja para darle un color rojo. Aquí, la soja se utiliza en abundancia en las salsas espesas, que son típicas, y el arroz es siempre parte de la comida.

En el este, se come más fécula y se utiliza mucha más grasa. El arroz se sirve como guarnición o se utiliza para relleno. El vino de arroz se produce y utiliza en abundancia, y complementa a la perfección la variedad de pescados y mariscos que se pescan a lo largo de la costa. La gente de Shanghai tiene un gusto dulce, por lo que los platos en esta región son mucho más dulces.

La comida de Sichuan proveniente del oeste es substanciosa y picante, utiliza muchos chiles y especias que producen sabores picantes y agridulces. Los encurtidos son una característica de la comida regional y la comida es tradicionalmente más seca pero combina muchos sabores. El uso de salsas es mínimo, incluso en los platos salteados.

MÉTODOS DE PREPARACIÓN

En este libro se utilizan varios métodos de preparación pero se requiere de muy poco equipo especial. Los chinos tienden a combinar un par de métodos de preparación en un solo plato, como cocinar al vapor y después freír, o freír y asar.

La **cocción al vapor** es un método que se utiliza extensamente en la comida china. Tradicionalmente se utilizan vaporeras de bambú de manera que una comida completa pueda prepararse en varios cestos de bambú. El arroz normalmente se coloca en el fondo y los diferentes platos se colocan uno encima del otro, colocando en el fondo el plato que tarda más en cocerse. Si no tiene vaporera, invierta un plato a prueba de calor sobre una cazuela grande y cúbralo con una tapa o papel de aluminio. Añada agua hirviendo a la vaporera hasta cubrir una tercera parte de lo alto del plato. Tal vez tenga que vaciar más agua durante la cocción, aunque muchos de los platos se cuecen muy rápido. La cocción al vapor es un método muy saludable ya que no utiliza grasa y conserva todos los sabores del plato.

El **salteado** (stir-fry) se realiza en una sartén china (wok) que tiene que calentarse antes de utilizarse. Los ingredientes de tamaño similar (todos pequeños) se remueven constantemente para que al contacto con la sartén se cuezan rápidamente. A veces los ingredientes se cuecen en tandas y se sacan de la sartén china. Esto conserva los sabores. Los ingredientes siempre se remueven todos juntos en la sartén china al final de la preparación y se les pueden agregar salsas durante o al final del tiempo de cocción, dependiendo de la región de origen. El aceite de cacahuete normalmente se utiliza para el salteado, aunque también se puede utilizar aceite vegetal.

El **frito en aceite abundante** también se hace en la sartén china, que utiliza menos aceite que una freidora. La forma de esta sartén permite que el aceite se escurra de la comida hacia al centro de la sartén. Los ingredientes a menudo se maceran o se cubren primero con una pasta ligera. También se utiliza el **frito rápido,** que consiste en freír los ingredientes de un sólo lado (se utiliza para los fideos) y no se se les da la vuelta o se les da una sola vez y se cortan para servir.

INGREDIENTES

La mayoría de las recetas de este libro utilizan ingredientes que se pueden conseguir fácilmente en los supermercados occidentales, aunque se sugieren opciones más tradicionales cuando se considera apropiado. Vale la pena ir comercios de productos chinos o a una tienda de productos especializados para conseguir salsa de soja de alta calidad y algunos de los ingredientes menos comunes, pero todas las recetas funcionan bien y son igualmente deliciosas sin estos ingredientes.

Tallos de bambú *Se añaden únicamente para la textura, tienen muy poco sabor. Se venden en lata, son un ingrediente común de la comida china.*

Brotes de soja *Son los brotes tiernos de la soja, que son muy nutritivos y contienen muchas vitaminas. Añaden un toque crujiente a la receta y se pueden conseguir fácilmente. No se deben recocer, porque se secan y ya no añaden textura al plato.*

Judías negras *Son judías de soja y son muy saladas. Se pueden comprar y machacar con sal y después enjuagarse o utilizarse como salsa ya preparada para mayor comodidad.*

Judías chinas *Estas judías largas pueden comerse enteras y son muy tiernas. También se pueden utilizar judías verdes.*

Polvo de cinco especias chinas *Una mezcla aromática de canela, clavo, anís, hinojo y granos de pimienta negra. A menudo se utiliza para macerar.*

Hojas chinas *Una hoja de color verde claro con sabor dulce. Se puede conseguir fácilmente en la mayoría de los supermercados.*

Cilantro *También conocido como el perejil chino, tiene un sabor fuerte y penetrante; sólo se parece al perejil en apariencia. Utilizar pequeñas cantidades para no sobrecargar los platos.*

Salsa Hoisin *Es una salsa marrón oscuro, dulce y espesa que se puede conseguir fácilmente. Contiene especias, salsa de soja, ajo y chile y a menudo se sirve como acompañamiento.*

Lichis *Vale la pena comprarlos frescos, ya que se pueden preparar fácilmente. Dentro de la cáscara no comestible hay una fruta blanca aromática. Los lichis se pueden comprar en lata y son un ingrediente clásico.*

Mango *Escoja un mango maduro y disfrute de la pulpa dulce y aromática. Si el mango no está maduro en el momento de comprarlo, déjelo en un lugar soleado durante unos cuantos días antes de usarlo.*

Fideos *Los chinos utilizan muchas variedades de fideos. Probablemente es más fácil utilizar las variedades secas disponibles, como los fideos de huevo, que son amarillos, los fideos de arroz, que son blancos y muy delgados o los fideos transparentes, que son opacos cuando están secos y se vuelven transparentes cuando se cocinan. Tal vez éstos no sean tan fáciles de conseguir pero se pueden utilizar fideos de celofán o arroz en su lugar.*

Salsa de ostras *Se vende ya preparada, esta salsa contiene ostras, sal, condimento y Maizena (harina de maíz) y es de color café.*

Pak choi *También conocido como col china, se vende en algunos supermercados. Tiene un sabor suave, ligeramente amargo.*

Vinagre de arroz *Tiene un sabor suave y dulce bastante delicado. Lo venden en algunos supermercados y vale la pena conseguirlo. Si no lo puede conseguir, utilice vinagre de sidra.*

Vino de arroz *Es similar al jerez seco en el color, contenido de alcohol y olor pero vale la pena comprar el vino de arroz por su sabor distintivo.*

Aceite de sésamo *Está hecho de pepitas de sésamo tostadas y tiene un sabor intenso. Se quema fácilmente y por lo tanto se añade justo antes de terminar de cocinar para dar sabor y no se utiliza para freír.*

Salsa de soja *Se puede conseguir fácilmente, pero vale la pena comprar una buena salsa. Se produce en variedades claras y oscuras – la primera se utiliza para el pescado y verduras para dar color y sabor ligeros, mientras que la segunda al ser más oscura, rica, salada y más intensa se utiliza como salsa de acompañamiento o con carnes de sabor fuerte.*

Anís estrella *Es una vaina de sabor fuerte con forma de estrella de ocho picos. La especia también se vende molida. Si añade una vaina al plato, debe retirarla antes de servir.*

Pimienta Sichuan *Es bastante picante y aromática y debe utilizarse con cuidado. Es de color rojo y se consigue fácilmente.*

Tofu (queso de soja) *Esta pasta de judías de soja se encuentra en varias formas. En este libro se utiliza la variedad de tarta, que es suave y esponjosa y de color blanquecino-grisáceo. Es muy desabrido, pero añade textura a los platos y es perfecto para absorber todos los demás sabores del plato.*

Castañas de agua *Son planas y redondas y usualmente sólo pueden comprarse en lata, ya peladas. Añaden un delicioso toque crujiente a los platos y tienen un sabor dulce.*

Judías amarillas *Nuevamente es una judía de soja y muy salada. En este libro se utiliza la salsa de judías amarillas y se sugiere comprar una buena variedad que sea espesa en lugar de una salsa suave.*

Sopas y Entradas

En la China las sopas no se sirven normalmente al inicio de la comida sino entre un plato y otro para limpiar el paladar. También es muy común en las familias chinas servir un plato grande de sopa clara al mismo tiempo que los demás platos. Las sopas en este capítulo traen una gran variedad de sabores y texturas a su mesa. Hay sopas espesas, consomés ligeros y algunas con wontons para dar sabor y carácter. Estas sopas pueden comerse en el almuerzo o como tentempié – y da igual la que elija, ¡todas son deliciosas!

Las entradas en este capítulo son una combinación de platos chinos populares y tradicionales, y hay algo para cada ocasión. Una de las ventajas de estos platos es que pueden prepararse y cocerse con antelación. En lugar de servir las entradas por separado, trate de servir un plato de entradas variadas con una pequeña porción de cada tipo. Recuerde servir sólo una del mismo tipo de comida – los ingredientes deben escogerse por su armonía y equilibrio de color, aroma, sabor y textura.

Sopa Clara de Pollo y Huevo

Esta apetitosa sopa tiene la adición de huevos escalfados, que la hacen deliciosa y dejan muy satisfecho. Utilice caldo de pollo fresco, hecho en casa para dar un mejor sabor.

Para 4 personas

INGREDIENTES

1 cucharadita de sal
1 cucharada de vinagre de vino de arroz
4 huevos
850 ml de caldo de pollo
1 puerro, troceado
125 g de cogollitos de brécol
125 g de pollo cocido desmenuzado
2 setas de sombrerete abierto, troceadas
1 cucharada de jerez seco
una pizca de salsa de chile
chile en polvo para decorar

1 Poner a hervir agua en una cazuela grande y agregar la sal y el vinagre de vino de arroz. Reducir el fuego para cocer a fuego lento y quebrar y verter cuidadosamente los huevos en la cazuela, uno por uno. Hervir los huevos durante 1 minuto. Retirar los huevos escalfados con una espumadera y colocarlos en otro lugar.

2 Hervir el caldo de pollo en otra cazuela y agregar el puerro, el brécol, el pollo, las setas y el jerez y sazonar con la salsa de chile al gusto. Cocer durante 10-15 minutos.

3 Agregar los huevos escalfados a la sopa y cocer otros 2 minutos. Vaciar cuidadosamente la sopa y los huevos escalfados en 4 cuencos de sopa individuales. Añadir chile en polvo para adornar y servir inmediatamente.

VARIACIÓN

Puede substituir el pollo por 125 g de carne de cangrejo fresco o enlatado o la misma cantidad de gambas cocidas frescas o congeladas, si así lo desea.

SUGERENCIA

Puede utilizar 4 hongos chinos secos, rehidratados de acuerdo con las instrucciones del paquete, en lugar de las setas de sombrerete abierto, si lo prefiere.

Sopa de Pollo y de Maíz con Curry

Las tiras de pollo cocido tierno y las rodajas de mazorca de maíz son los sabores principales de esta deliciosa sopa clara, con tan sólo un toque de jengibre.

Para 4 personas

INGREDIENTES

175 g de granos de maíz en lata, escurridos
850 ml de caldo de pollo
350 g de pollo cocido, cortado en tiras
16 mazorcas de maíz miniatura enteras
1 cucharadita de curry chino en polvo
1 trozo de 1 cm de raíz de jengibre fresca, rallada
3 cucharadas de salsa de soja ligera
2 cucharadas de cebollinos picados

1 Colocar los granos de maíz enlatados en un procesador de alimentos junto con 150 ml de caldo de pollo y procesar hasta que la mezcla adquiera la textura de un puré suave.

2 Colar el puré de los granos de maíz, presionando el puré con el reverso de una cuchara para retirar cualquier cáscara.

3 Verter el resto del caldo de pollo en una cacerola grande y agregar las tiras de pollo cocido. Verter removiendo el puré de granos de maíz.

4 Agregar las mazorcas de maíz miniatura y hervir. Cocer la sopa durante 10 minutos.

5 Agregar el curry en polvo, el jengibre rallado y la salsa de soja y cocer otros 10-15 minutos. Añadir los cebollinos picados.

6 Servir la sopa en cuencos previamente calentados y servir inmediatamente.

SUGERENCIA

Preparar la sopa hasta 24 horas antes sin agregar el pollo, enfriar, tapar y guardar en la nevera. Agregar el pollo y calentar bien la sopa antes de servir.

2

4

5

Sopa Agripicante

Esta famosa sopa Pekín es fácil de preparar y deja muy satisfecho. A menudo se come como plato principal y debe servirse antes de un menú ligero si se ofrece como entrada.

Para 4 personas

INGREDIENTES

- 2 cucharadas de Maizena (harina de maíz)
- 4 cucharadas de agua
- 2 cucharadas de salsa de soja ligera
- 3 cucharadas de vinagre de vino de arroz
- $^{1}/_{2}$ cucharadita de pimienta negra molida
- 1 chile rojo pequeño fresco, finamente picado
- 1 huevo
- 2 cucharadas de aceite vegetal
- 1 cebolla, picada
- 850 ml de caldo de pollo o ternera
- 1 seta de sombrerete abierto, troceada
- 50 g de pechuga de pollo sin piel, cortada en tiras muy delgadas
- 1 cucharadita de aceite de sésamo

1 Mezclar la Maizena (harina de maíz) con el agua para formar una pasta suave. Agregar la salsa de soja, vinagre de vino de arroz, pimienta y chile y mezclar todo muy bien.

2 Vaciar el huevo en un tazón aparte y batir bien.

3 Calentar el aceite en una sartén china precalentada y freír la cebolla durante 1-2 minutos.

4 Añadir el caldo, las setas y el pollo y dejar hervir. Cocer unos 15 minutos o hasta que el pollo esté tierno.

5 Vaciar la mezcla de la Maizena (harina de maíz) en la sopa y cocer, removiendo constantemente, hasta que espese.

6 Mientras remueve, añadir poco a poco el huevo para formar hilos.

7 Rociar con el aceite de sésamo y servir inmediatamente.

SUGERENCIA

Asegúrese de verter el huevo muy lentamente y remover continuamente para formar los hilos de huevo y evitar que se formen trozos grandes.

1

壽

Sopa de Pato de Pekín

Ésta es una sopa substanciosa y con mucho sabor, contiene trozos de pato y verduras cocidas en un caldo sabroso.

Para 4 personas

INGREDIENTES

125 g de pechuga de pato sin grasa
225 g de hojas chinas (col)
850 ml de caldo de pollo o pato
1 cucharada de jerez seco o vino de arroz
1 cucharada de salsa de soja ligera
2 dientes de ajo, machacados
una pizca de anís estrella molido
1 cucharada de pepitas de sésamo
1 cucharadita de aceite de sésamo
1 cucharada de perejil fresco picado

1 Quitar la piel a la pechuga de pato y cortarla finamente en dados.

2 Con un cuchillo afilado rebanar las hojas chinas (col).

3 Verter el caldo en una cazuela grande y hervir.

4 Agregar el jerez o vino de arroz, salsa de soja, el pato en dados y las hojas chinas troceadas, remover y mezclar todo muy bien. Reducir el fuego y cocer a fuego lento durante 15 minutos.

5 Añadir el ajo y el anís estrella y cocer a fuego lento durante otros 10-15 minutos, o hasta que el pato esté tierno.

6 Entretanto, freír en seco (sin aceite) las pepitas de sésamo en una sartén normal o sartén china precalentada, removiendo constantemente.

7 Sacar las pepitas de sésamo y rociarlas sobre la sopa, junto con el aceite de sésamo y el perejil.

8 Servir la sopa en cuencos precalentados inmediatamente.

SUGERENCIA

Si no puede conseguir las hojas chinas (col), puede utilizar col de hojas verdes. También puede ajustar la cantidad al gusto, ya que la col occidental tiene un sabor y olor más fuertes que las hojas chinas (col).

4

5

6

Sopa de Fideos con Ternera y Verduras

Las tiras delgadas de ternera se maceran en salsa de soja y ajo para formar la base de esta deliciosa sopa. Se sirve con fideos, es deliciosa y deja satisfecho.

Para 4 personas

INGREDIENTES

225 g de carne de ternera sin grasa
1 diente de ajo, machacado
2 cebolletas (escalonias), picadas
3 cucharadas de salsa de soja
1 cucharadita de aceite de sésamo
225 g de fideos de huevo
850 ml de caldo de ternera
3 mazorcas de maíz miniatura, troceadas
1/2 puerro, desmenuzado
125 g de brécol, cortado en cogollitos
una pizca de chile en polvo

1 Con un cuchillo afilado, cortar la ternera en tiras delgadas y colocarlas en un recipiente de vidrio poco profundo.

2 Agregar el ajo, las cebolletas, la salsa de soja y el aceite de sésamo y mezclar todo muy bien, moviendo la carne para cubrirla completamente. Tapar y dejar macerar en la nevera durante 30 minutos.

3 Cocer los fideos en una cacerola con agua hirviendo durante 3-4 minutos. Escurrir los fideos y guardar hasta que se necesiten.

4 Verter el caldo de ternera en una cacerola grande y hacerlo hervir.

5 Agregar la carne junto con el adobo, las mazorcas de maíz, el puerro y el brécol. Tapar y cocer a fuego lento durante 7-10 minutos o hasta que la carne y las verduras estén tiernas y cocidas.

6 Agregar removiendo los fideos y el chile en polvo y cocer otros 2-3 minutos. Servir en cuencos inmediatamente.

SUGERENCIA

Puede variar las verduras o utilizar las que tenga a mano. Si lo prefiere, puede utilizar unas cuantas gotas de salsa de chile en lugar del chile en polvo, ¡pero recuerde que es muy picante!

2

5

6

Sopa de Cordero y Arroz

Ésta es una sopa que deja muy satisfecho ya que contiene arroz y trozos tiernos de cordero. Servir antes de un plato principal ligero.

Para 4 personas

INGREDIENTES

150 g de cordero sin grasa
50 g de arroz
850 ml de caldo de cordero
1 puerro, troceado
1 diente de ajo, finamente troceado
2 cucharaditas de salsa de soja ligera
1 cucharadita de vinagre de vino de arroz
1 seta mediana de sombrerete abierto, finamente troceada
sal

1 Con un cuchillo afilado quitar la grasa del cordero y cortar la carne en tiras delgadas. Guardar hasta que se necesite.

2 Hervir agua con un poco de sal en una cazuela grande y añadir el arroz. Volver a hacer hervir, remover una vez y cocer a fuego lento durante 10-15 minutos hasta que esté blando. Escurrir, enjuagar bajo el chorro de agua fría, escurrir nuevamente y guardar hasta que se necesite.

3 Entretanto, poner a hervir el caldo de cordero en una cazuela grande.

4 Incorporar las tiras de cordero, el puerro, el ajo, la salsa de soja y el vinagre de vino de arroz al caldo. Bajar el fuego, tapar y cocer a fuego lento durante 10 minutos o hasta que el cordero esté tierno y bien cocido.

5 Agregar la seta troceada y el arroz y cocer otros 2-3 minutos o hasta que la seta esté completamente cocida.

6 Servir la sopa en 4 cuencos precalentados inmediatamente.

SUGERENCIA

Puede utilizar unos cuantos hongos chinos secos picados y rehidratados de acuerdo con las instrucciones del paquete como una alternativa a la seta de sombrerete abierto. Agregar los hongos con el cordero en el paso 4.

2

4

5

Sopa de Pescado con Wontons

Esta sopa se sirve con wontons pequeños rellenos de gambas que la convierten en una sopa deliciosa y que deja satisfecho.

Para 4 personas

INGREDIENTES

- 125 g de gambas grandes, cocidas y peladas
- 1 cucharadita de cebolletas picadas
- 1 diente de ajo pequeño, finamente picado
- 1 cucharada de aceite vegetal
- 12 envoltorios de wontons
- 1 huevo pequeño batido
- 850 ml de caldo de pescado
- 175 g de filete de pescado blanco, en dados
- un poco de salsa de chile
- chile rojo fresco troceado y cebolletas para adornar

1 Picar un cuarto de las gambas y mezclarlas con las cebolletas y ajo picados.

2 Calentar el aceite en una sartén china precalentada y saltear la mezcla de gambas durante 1-2 minutos. Retirar del fuego y dejar enfriar por completo.

3 Extender los envoltorios de los wontons sobre una superficie plana. Servir un poco del relleno de gambas en el centro de cada envoltorio. Pincelar las orillas de los envoltorios con el huevo batido y juntar los extremos apretándolos para formar unas 'bolsitas'. Colocar aparte mientras prepara la sopa.

4 Verter el caldo de pescado en una cazuela grande y poner a hervir. Agregar el pescado blanco en dados y el resto de las gambas y cocer durante 5 minutos.

5 Sazonar al gusto con la salsa de chile. Agregar los wontons y cocer otros 5 minutos. Servir inmediatamente en cuencos, adornar con el chile rojo troceado y las cebolletas.

VARIACIÓN

Reemplazar las gambas por carne de cangrejo cocido para dar otro sabor.

Sopa de Cangrejo y Jengibre

En esta receta se mezclan dos ingredientes clásicos de la comida china para crear una sopa especial.

Para 4 personas

INGREDIENTES

1 zanahoria, picada
1 puerro, picado
1 hoja de laurel
850 ml de caldo de pescado
2 cangrejos medianos cocidos
1 trozo de 2,5 cm de jengibre fresco (la raíz), rallado
1 cucharadita de salsa de soja
1/2 cucharadita de anís estrella molido
sal y pimienta

1 Colocar la zanahoria, el puerro, el laurel y el caldo en una cazuela grande y hervir. Bajar el fuego, tapar y cocer a fuego lento durante 10 minutos, o hasta que las verduras estén casi hechas.

2 Entretanto, sacar toda la carne de los cangrejos cocidos. Retirar las tenazas, las articulaciones y sacar la carne (tal vez necesite un tenedor o pinzas para hacer esto). Añadir la carne de cangrejo a la cazuela con el caldo de pescado.

3 Agregar el jengibre, la salsa de soja y el anís estrella al caldo de pescado y hervir. Cocer a fuego lento durante 10 minutos o hasta que las verduras estén tiernas y el cangrejo esté caliente. Sazonar al gusto con sal y pimienta.

4 Servir la sopa de inmediato en cuencos precalentados y adornar con las tenazas del cangrejo.

SUGERENCIA

Si no encuentra carne de cangrejo fresca, puede utilizar carne de cangrejo en lata o congelada.

SUGERENCIA

Para preparar el cangrejo cocido, afloje la carne del caparazón golpeando la parte trasera de uno de los lados con el puño. Coloque el cangrejo sobre uno de sus lados con el caparazón de frente a usted. Separe el caparazón del cuerpo con los dedos pulgares. Retuerza las patas y tenazas y saque la carne. Quite la cola y tírela. Retire las agallas de cada lado del cuerpo. Corte el cuerpo por la mitad a lo largo y saque toda la carne. Saque la carne marrón del caparazón con una cuchara.

1

2

3

Sopa de Bolitas Rellenas de Gambas

Estas bolitas rellenas de gambas y cerdo pueden hacerse ligeramente más grandes y servirse como dim sum solas, si así lo prefiere.

Para 4 personas

INGREDIENTES

BOLITAS:
150 g de harina común (para todos los usos)
50 ml de agua hirviendo
25 ml de agua fría
$1^1/_2$ cucharaditas de aceite vegetal

RELLENO:
125 g de carne picada de cerdo
125 g de gambas cocidas y peladas, picadas
50 g de castañas de agua en lata, escurridas, enjuagadas y picadas
1 rama de apio, picada
1 cucharadita de Maizena (harina de maíz)
1 cucharada de aceite de sésamo
1 cucharada de salsa de soja clara

SOPA:
850 ml de caldo de pescado
50 g de fideos celofán
1 cucharada de jerez seco
cebolletas picadas para adornar

1 Para preparar las bolitas, mezclar la harina, el agua hirviendo, el agua fría y el aceite en un recipiente hasta formar una masa flexible.

2 Amasar la masa sobre una superficie enharinada durante 5 minutos. Cortar la masa en 16 trozos iguales.

3 Extender los trozos de masa con un rodillo formando círculos de 7,5 cm de diámetro.

4 Mezclar los ingredientes del relleno en un recipiente grande.

5 Echar un poco del relleno en el centro de cada círculo. Juntar las orillas de la masa, apretándolas, y formar bolsitas. Torcer la parte superior para sellarlas.

6 Verter el caldo de pescado en una cazuela y hervir.

7 Agregar los fideos celofán, las bolitas y el jerez seco a la cazuela y cocer durante 4-5 minutos, hasta que los fideos y las bolitas estén tiernos. Adornar con cebolletas picadas y servir inmediatamente.

SUGERENCIA

Puede utilizar envoltorios de wontons en lugar de las bolitas de masa si no tiene suficiente tiempo.

3

5

7

Sopa de Col China

Ésta es una sopa picante, de sabor ligeramente agridulce. La col china se cocina en caldo de verduras con azúcar, vinagre y chile y se sirve como plato substancioso o como entrada.

Para 4 personas

INGREDIENTES

450 g de pak choi
600 ml de caldo de verduras
1 cucharada de vinagre de vino de arroz
1 cucharada de salsa de soja ligera
1 cucharada de azúcar extra fino
1 cucharada de jerez seco
1 chile rojo fresco, finamente troceado
1 cucharada de Maizena (harina de maíz)
2 cucharadas de agua

1 Con un cuchillo afilado, cortar los tallos del pak choi y rebanar las hojas.

2 Calentar el caldo en una cazuela grande. Agregar el pak choi y cocer durante 10-15 minutos.

3 Mezclar el vinagre de vino de arroz, la salsa de soja, el azúcar y el jerez. Incorporar esta mezcla con caldo junto con el chile troceado. Hervir, bajar el fuego y cocer durante 2-3 minutos.

4 Mezclar la Maizena (harina de maíz) con el agua para formar una pasta suave. Añadir poco a poco la mezcla de Maizena (harina de maíz) en la sopa. Remover constantemente hasta que espese. Seguir cocinando otros 4-5 minutos. Servir en cuencos precalentados inmediatamente.

VARIACIÓN

Hervir 2 cucharadas de arroz en agua con un poco de sal hasta que el arroz esté hecho. Escurrir y colocar en los cuencos. Verter la sopa sobre el arroz y servir inmediatamente.

SUGERENCIA

El Pak Choi, *también conocido como* bok choi *o col de cuchara, tiene tallos largos blancos con abundantes hojas verdes brillantes, en forma de cuchara. Hay diversas variedades disponibles que varían principalmente en el tamaño más que en el sabor.*

1

3

4

Rollos de Primavera

Este plato clásico de la comida china es muy popular en el mundo occidental. Se sirve caliente o frío con salsa de soja o de hoisin.

Para 4 personas

INGREDIENTES

175 g de carne de cerdo cocida, picada
75 g de pollo cocido, picado
1 cucharadita de salsa de soja clara
1 cucharadita de azúcar moreno claro
1 cucharadita de aceite de sésamo
1 cucharadita de aceite vegetal
225 g de brotes de soja
25 g de tallos de bambú en lata, escurridos, enjuagados y picados
1 pimiento verde, sin pepitas y picado
2 cebolletas (escalonias), troceadas
1 cucharadita de Maizena (harina de maíz)
2 cucharaditas de agua
abundante aceite vegetal para freír

ENVOLTORIO:
125 g de harina común (para todos los usos)
5 cucharadas de Maizena (harina de maíz)
450 ml de agua
3 cucharadas de aceite vegetal

1 Mezclar la carne de cerdo, el pollo, la soja, el azúcar y el aceite de sésamo. Tapar y macerar durante 30 minutos.

2 Calentar el aceite vegetal en una sartén china. Agregar los brotes de soja, los tallos de bambú, el pimiento y las cebolletas y saltear durante 2-3 minutos. Agregar la carne junto con su jugo a la sartén china y saltear durante 2-3 minutos.

3 Mezclar la Maizena (harina de maíz) con el agua y verter la mezcla en la sartén china. Dejar enfriar por completo.

4 Para preparar los envoltorios, mezclar la harina y la Maizena (harina de maíz) y verter el agua poco a poco para formar una pasta suave.

5 Poner al fuego una sartén pequeña con aceite. Verter una octava parte de la pasta sobre la base y cocinar durante 2-3 minutos. Repetir con el resto de la pasta. Cubrir con una toalla húmeda.

6 Extender los envoltorios y servir una octava parte del relleno en el centro de cada uno. Pincelar los extremos con agua y doblar los lados hacia adentro y después enrollarlos.

7 Calentar abundante aceite para freír en una sartén china a 180°C. Freír los rollos rellenos, en tandas, durante 2-3 minutos, o hasta que se doren y estén crujientes. Sacar del aceite con una espumadera y escurrir en papel absorbente de cocina (toallas de papel). Servir inmediatamente.

5

6

6

Dim Sum de Cerdo

Estos bocaditos cocidos al vapor se sirven tradicionalmente como canapés y pueden adaptarse muy bien a su relleno favorito.

Para 4 personas

INGREDIENTES

400 g de carne de cerdo picada
2 cebolletas (escalonias), picadas
50 g de tallos de bambú en lata, escurridos, enjuagados y picados
1 cucharada de salsa de soja ligera
1 cucharada de jerez seco
2 cucharaditas de aceite de sésamo
2 cucharaditas de azúcar extra fino
1 clara de huevo, ligeramente batida
$4^1/_2$ cucharaditas de Maizena (harina de maíz)
24 envoltorios de wontons

1 Mezclar la carne de cerdo picada, las cebolletas, los tallos de bambú, la salsa de soja, el jerez seco, el aceite de sésamo, el azúcar y la clara de huevo batida en un recipiente hasta que todo esté bien mezclado.

2 Añadir la Maizena (harina de maíz), mezclando bien.

3 Extender los envoltorios sobre una superficie plana. Agregar una cucharada de la mezcla de cerdo y verduras en el centro de cada envoltura y pincelar los lados ligeramente con agua.

4 Unir los lados en el centro del relleno y apretarlos firmemente.

5 Colocar un paño húmedo y limpio en el fondo de la vaporera y colocar los wontons dentro. Tapar y cocer al vapor durante 5-7 minutos, hasta que estén bien hechos y servir.

SUGERENCIA

Las vaporeras de bambú están diseñadas para fijarse a los lados curvos de la sartén china, por encima del agua. Se encuentran disponibles en varios tamaños.

VARIACIÓN

Utilice gambas, pollo o carne de cangrejo picado para el relleno, con otras verduras como zanahoria picada y aderezos como chile o jengibre, si lo prefiere.

2

3

5

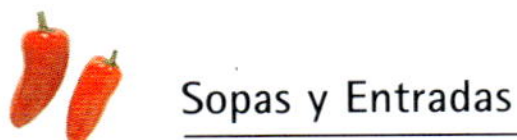

Wontons Crujientes de Cangrejo

Estos deliciosos wontons son una excelente entrada. Fritos hasta que quedan dorados y crujientes, son deliciosos con una salsa de chile.

Para 4 personas

INGREDIENTES

175 g de carne de cangrejo blanco, desmenuzada
50 g de castañas de agua en lata, escurridas, enjuagadas y picadas
1 chile rojo fresco pequeño, picado
1 cebolleta (escalonia), picada
1 cucharada de Maizena (harina de maíz)
1 cucharadita de jerez seco
1 cucharadita de salsa de soja ligera
½ cucharadita de zumo de lima
24 envoltorios de wontons
abundante aceite vegetal, para freír
rodajas de lima para adornar

1 Para preparar el relleno, mezclar la carne de cangrejo, las castañas, el chile, la cebolleta, la Maizena (harina de maíz), el jerez, la salsa de soja y el zumo de lima.

2 Extender los envoltorios de los wontons sobre una superficie plana y servir una porción del relleno con una cuchara en el centro de cada envoltorio.

3 Humedecer los lados de los envoltorios de los wontons con un poco de agua y doblarlos por la mitad formando triángulos. Doblar los dos extremos en pico hacia el centro, humedecer con un poco de agua para fijarlos y apretar para sellarlos.

4 Calentar abundante aceite para freír en una sartén china o en una freidora a una temperatura de 180°C-190°C, o hasta que un pedazo de pan se dore en 30 segundos. Freír los wontons en tandas, durante 2-3 minutos, hasta que se doren y estén crujientes. Sacar los wontons del aceite y dejarlos escurrir sobre papel de cocina (toallas de papel).

5 Servir los wontons calientes, adornados con rodajas de lima.

SUGERENCIA

Los envoltorios de wontons, que se venden en los supermercados de productos chinos, son cuadrados de masa finos como el papel hechos de harina de trigo y huevo. Pueden romperse fácilmente por lo que deben manejarse con cuidado. Asegúrese de que los wontons estén bien cerrados y sellados antes de freírlos para evitar que se salga el relleno y se abra el envoltorio.

1

3

4

Empanadillas Pegadas a la Olla

Estas empanadillas deben su nombre al hecho de que se pegan a la olla cuando se cuecen al vapor si no se fríen hasta estar bien crujientes inicialmente.

Para 4 personas

INGREDIENTES

EMPANADILLAS:
175 g de harina común (para todos los usos)
una pizca de sal
3 cucharadas de aceite vegetal
6-8 cucharadas de agua hirviendo
aceite, para freír abundantemente
cebolletas (escalonias) y cebollinos troceados para adornar

RELLENO:
150 g de pollo sin grasa, picado muy fino
25 g de tallos de bambú en lata, escurridos y picados
2 cebolletas (escalonias), finamente picadas
$^1/_2$ pimiento rojo pequeño, sin pepitas y finamente picado
$^1/_2$ cucharadita de curry chino en polvo
1 cucharada de salsa de soja ligera
1 cucharadita de azúcar extra fino
1 cucharadita de aceite de sésamo

1 Para preparar las empanadillas, mezclar la harina y la sal en un recipiente hondo. Hacer un agujero en el centro, agregar el aceite y el agua y mezclar bien para formar una masa suave. Amasar la masa sobre una superficie enharinada, envolverla en plástico y dejarla reposar por espacio de 30 minutos.

2 Entretanto, mezclar todos los ingredientes del relleno en un recipiente grande.

3 Dividir la masa en 12 trozos del mismo tamaño y extender cada uno con un rodillo formando círculos de 12,5 cm. Colocar una porción del relleno sobre la mitad de cada círculo.

4 Doblar la masa sobre el relleno para formar empanadillas. Unir los bordes apretando firmemente.

5 Verter un poco de aceite en una sartén de fondo pesado y freír las empanadillas hasta que estén doradas y ligeramente crujientes.

6 Volver a meter todas las empanadillas en la sartén y agregar alrededor de 125 ml de agua. Tapar y cocer al vapor durante 5 minutos o hasta que estén bien hechas. Sacar de la sartén con una espumadera y servir con salsa de soja o salsa hoisin y adornar con cebolletas y cebollinos troceados.

3

4

6

Rollitos

Este es otro plato clásico dim sum *que se adapta a casi cualquier relleno de su elección. En este plato se utiliza la mezcla tradicional de carne de cerdo y pak choi.*

Para 4 personas

INGREDIENTES

4 cucharaditas de aceite vegetal
1-2 dientes de ajo, machacados
225 g de carne de cerdo picada
225 g de pak choi, troceado
4 1/2 cucharaditas de salsa de soja ligera
1/2 cucharadita de aceite de sésamo
8 envoltorios para rollitos de primavera, en cuadrados de 25 cm, descongelados si se compran congelados
abundante aceite para freír
salsa de chile (ver Sugerencia) para servir

1 Calentar el aceite vegetal en una sartén china precalentada. Agregar el ajo y saltear durante 30 segundos. Agregar la carne de cerdo y saltear durante 2-3 minutos, hasta que empiece a adquirir color.

2 Agregar el pak choi troceado, la salsa de soja y el aceite de sésamo a la sartén china y saltear durante 2-3 minutos. Retirar del fuego y dejar enfriar.

3 Extender los envoltorios para rollos de primavera sobre una superficie plana y servir dos cucharadas de la mezcla de la carne de cerdo a lo largo del extremo de cada uno. Enrollar el envoltorio una vez y doblar las orillas hacia dentro. Enrollar completamente hasta formar unas salchichas, pincelar los bordes con un poco de agua para sellarlos. Si tiene tiempo, deje reposar los rollos 10 minutos para que se sellen firmemente.

4 Calentar el aceite para freír en una sartén china honda hasta que esté a punto de humear. Baje el fuego ligeramente y fría los rollitos, en tandas si es necesario, durante 3-4 minutos, hasta que estén dorados. Sacar los crepes del aceite con una espumadera y escurrir sobre papel de cocina (toallas de papel). Servir con salsa de chile.

SUGERENCIA

Para preparar la salsa de chile, calentar 60 g de azúcar extra fino, 50 ml de vinagre de arroz y 2 cucharadas de agua en una cazuela pequeña, removiendo hasta que el azúcar se haya disuelto. Hervir la mezcla hasta que se caramelice. Retirar la cazuela del fuego y agregar 2 chiles rojos frescos finamente picados. Dejar enfriar la salsa antes de servir. Si prefiere una salsa menos picante, puede quitarle las pepitas a los chiles antes de picarlos.

2

3

3

Tostadas de Gambas con Sésamo

Estas pequeñas tostadas son fáciles de preparar y son uno de los canapés chinos más populares en el mundo occidental. ¡Asegúrese de servir bastantes, porque son muy sabrosas!

Para 4 personas

INGREDIENTES

225 g gambas cocidas, peladas
1 cebolleta (escalonia)
$^1/_4$ de cucharadita de sal
1 cucharadita de salsa de soja ligera
1 cucharada de Maizena (harina de maíz)
1 clara de huevo, batida
3 rebanadas de pan blanco, sin corteza
4 cucharadas de pepitas de sésamo
abundante aceite vegetal, para freír

1 Colocar las gambas y la cebolleta en un procesador de alimentos y triturar hasta que estén finamente molidos. Alternativamente, picarlos muy finamente. Colocar la mezcla en un recipiente y añadir sal, salsa de soja, Maizena (harina de maíz) y la clara de huevo.

2 Untar la mezcla sobre un lado de cada rebanada de pan. Espolvorear las pepitas de sésamo sobre la mezcla, presionando para que se queden bien pegadas.

3 Cortar cada rebanada en cuatro triángulos o tiras iguales.

4 Calentar el aceite para freír en una sartén china honda hasta que esté a punto de humear. Colocar cuidadosamente los triángulos en el aceite, con el lado de la mezcla hacia abajo y freír durante 2-3 minutos hasta que se doren. Retirar con una espumadera y escurrir sobre papel de cocina (toallas de papel). Servir calientes.

VARIACIÓN

Si lo desea, puede agregar $^1/_2$ cucharadita de raíz de jengibre fresca finamente picada y 1 cucharadita de vino de arroz chino a la mezcla de las gambas al final del paso 1.

SUGERENCIA

Freír los triángulos en dos tandas, conservando la primera tanda caliente mientras cocina la segunda, para evitar que se peguen y se hagan demasiado.

Gambas Rebozadas Agridulces

Estas deliciosas gambas se maceran en una mezcla de salsa de soja antes de rebozarse con una pasta ligera y servirse con una deliciosa salsa agridulce.

Para 4 personas

INGREDIENTES

16 gambas grandes crudas, peladas
1 cucharadita de jengibre fresco rallado
1 diente de ajo machacado
2 cebolletas (escalonias), troceadas
2 cucharadas de jerez seco
2 cucharaditas de aceite de sésamo
1 cucharada de salsa de soja ligera
abundante aceite vegetal, para freír
cebolleta troceada para adornar

PASTA:
4 claras de huevo
4 cucharadas de Maizena (harina de maíz)
2 cucharadas de harina común (para todos los usos)

SALSA:
2 cucharadas de puré de tomate (pasta de tomate)
3 cucharadas de vinagre de vino blanco
4 cucharaditas de salsa de soja ligera
2 cucharadas de zumo de limón
3 cucharadas de azúcar moreno claro
1 pimiento verde, sin pepitas y cortado en tiras delgadas
$^1/_2$ cucharadita de salsa de chile
300 ml de caldo de verduras
2 cucharaditas soperas de Maizena (harina de maíz)

1 Utilizar pinzas para limpiar las gambas y después aplanarlas con un cuchillo grande.

2 Colocar las gambas en un plato y agregar el ajo, el jengibre, las cebolletas, el jerez, el aceite de sésamo y la soja. Tapar y macerar durante 30 minutos.

3 Preparar la pasta batiendo las yemas de huevo hasta que se espesen. Incorporar la Maizena (harina de maíz) y la harina para formar una pasta ligera.

4 Colocar todos los ingredientes de la salsa en una sartén y dejarlos hervir. Bajar el fuego y cocer a fuego lento durante 10 minutos.

5 Sacar las gambas de la salsa de maceración y sumergirlas en la pasta para rebozarlas.

6 Calentar el aceite hasta que esté a punto de humear. Bajar el fuego y freír las gambas durante 3-4 minutos hasta que estén crujientes y doradas. Servirlas con la salsa.

1

1

5

Bocaditos de Papel de Arroz Rellenos de Gambas

Estos envoltorios especiales de papel de arroz se pueden conseguir en los supermercados de productos chinos y tiendas de productos naturales. No utilice el papel de arroz que se vende para pastelería.

Para 4 personas

INGREDIENTES

- 1 clara de huevo
- 2 cucharaditas de Maizena (harina de maíz)
- 2 cucharaditas de jerez seco
- 1 cucharadita de azúcar extra fino
- 2 cucharaditas de salsa hoisin
- 225 g de gambas cocidas, peladas
- 4 cebolletas (escalonias), troceadas
- 25 g de castañas de agua en lata, escurridas, enjuagadas y picadas
- 8 envoltorios chinos de papel de arroz
- abundante aceite vegetal para freír
- salsa hoisin o salsa de ciruela, para servir

1 Batir ligeramente la clara de huevo y después mezclarla con la Maizena (harina de maíz), el jerez seco, el azúcar y la salsa hoisin. Agregar las gambas, las cebolletas troceadas y las castañas, mezclándolo todo muy bien.

2 Ablandar los papeles de arroz sumergiéndolos en un recipiente con agua, uno a uno. Extenderlos sobre una superficie plana.

3 Echar un poco de la mezcla de las gambas en el centro de cada papel de arroz y envolver el relleno, formando un paquetito.

4 Calentar el aceite en una sartén china hasta que esté a punto de humear. Bajar el fuego ligeramente, colocar los bocaditos, en tandas si es necesario, y freírlos muy bien durante 4-5 minutos, hasta que estén crujientes. Sacarlos del aceite con una espumadera y escurrirlos sobre papel de cocina (toallas de papel).

5 Colocar los bocaditos en una fuente caliente y servir inmediatamente con un poco de salsa hoisin o salsa de ciruela.

SUGERENCIA

Puede utilizar este relleno con los envoltorios de wonton (ver página 30) si no puede conseguir los envoltorios de papel de arroz.

1

2

3

Raviolis de Cangrejo

Estos pequeños triángulos se preparan con los envoltorios de wontons, se rellenan con verduras mixtas y carne de cangrejo y son una entrada que se deshace en el paladar.

Para 4 personas

INGREDIENTES

450 g de carne de cangrejo (fresca o en lata y escurrida)
1/2 pimiento rojo, sin pepitas y finamente cortado
125 g de hojas chinas (col), troceadas
25 g de brotes de soja, picados a trozos grandes
1 cucharada de salsa de soja ligera
1 cucharadita de zumo de limón
16 envoltorios de wontons
1 huevo pequeño, batido
2 cucharadas de aceite de cacahuete
1 cucharadita de aceite de sésamo
sal y pimienta

1 Mezclar la carne de cangrejo, el pimiento, las hojas chinas (col), los brotes de soja, la salsa de soja y el zumo de limón en un recipiente. Sazonar y dejar reposar durante 15 minutos, removiendo ocasionalmente.

2 Extender los envoltorios de wontons sobre una superficie plana. Colocar una pequeña porción de la mezcla de cangrejo en el centro de cada envoltura, sirviendo porciones iguales.

3 Pincelar los lados de los envoltorios con el huevo batido y doblarlos por la mitad, sacando todo el aire. Apretar los extremos con los dedos para sellar firmemente.

4 Calentar el aceite de cacahuete en una sartén china precalentada o en una sartén normal para freír. Freír los raviolis, en tandas, durante 3-4 minutos, volviéndolos hasta que estén dorados. Sacarlos con una espumadera y escurrirlos sobre papel de cocina.

5 Freír el resto del relleno en la sartén china o sartén normal a fuego lento hasta que esté caliente. Servir los raviolis con el relleno caliente y rociar el aceite de sésamo por encima.

SUGERENCIA

Asegúrese de que los lados de los raviolis estén bien sellados y que se haya sacado todo el aire para evitar que se abran cuando se estén cocinando.

2

3

4

Costillas de Cerdo

Otro clásico de los restaurantes de comida china, la mejor manera de disfrutar estas costillas es comerlas con las manos.

Para 4 personas

INGREDIENTES

900 g de costillas de cerdo
2 cucharadas de salsa de soja oscura
3 cucharadas de salsa hoisin
1 cucharada de vino de arroz chino o jerez seco
una pizca de polvo de cinco especias chino
2 cucharaditas de azúcar moreno oscuro
$^{1}/_{4}$ de cucharadita de salsa de chile
2 dientes de ajo, machacados
ramas de cilantro para adornar (opcional)

1 Separar las costillas si están unidas. Si lo desea, puede cortarlas en trozos de 5 cm, utilizando un cuchillo de carnicero.

2 Mezclar la salsa de soja, la salsa hoisin, el vino de arroz chino o el jerez, el polvo de cinco especias chino, el azúcar moreno oscuro, la salsa de chile y el ajo en un recipiente.

3 Colocar las costillas en un plato poco profundo y vaciar encima la mezcla, moviéndolas para cubrirlas bien. Tapar y macerar en la nevera durante al menos 1 hora, dándoles la vuelta de vez en cuando.

4 Sacar las costillas de la salsa y colocarlas en una parrilla sobre una fuente con agua tibia hasta la mitad. Pincelar con la salsa, reservando lo que sobre.

5 Meter en un horno precalentado a 180°C, durante 30 minutos. Sacar la fuente del horno y dar la vuelta a las costillas. Pincelarlas con el resto de la salsa y meterlas nuevamente en el horno durante otros 30 minutos o hasta que estén bien hechas. Pasarlas a una fuente caliente, adornarlas con las ramas de cilantro (si las utiliza) y servir inmediatamente.

SUGERENCIA

Agregue más agua caliente a la fuente durante la cocción si es necesario. No permita que se consuma el agua, porque el vapor ayuda a hacer las costillas.

2

3

4

Alas de Pollo Enmeladas

Las alas de pollo son ideales como entrada, ya que son pequeñas y perfectas para comerse con los dedos.

Para 4 personas

INGREDIENTES

2 cucharadas de aceite de cacahuete
450 g de alas de pollo
2 cucharadas de salsa de soja ligera
2 cucharadas de salsa hoisin
2 cucharadas de miel clara
2 dientes de ajo, machacados
1 cucharadita de pepitas de sésamo

MACERACIÓN:
1 chile rojo seco
1/2-1 cucharadita de chile en polvo
1/2-1 jengibre molido
ralladura de 1 lima

1 Para preparar la maceración, machacar el chile seco en un mortero. Mezclar el chile seco machacado, el chile en polvo, el jengibre molido y la ralladura del lima en un recipiente pequeño.

2 Untar muy bien las alas de pollo con la mezcla de las especias con la yema de los dedos. Reservar al menos durante 2 horas, para que los sabores penetren bien en las alitas.

3 Calentar el aceite de cacahuete en una sartén china precalentada.

4 Agregar las alas de pollo y freírlas, volviéndolas frecuentemente durante 10-12 minutos, hasta que estén doradas y crujientes. Escurrir el exceso de aceite.

5 Incorporar la salsa de soja, la salsa hoisin, la miel, el ajo y las pepitas de sésamo a la sartén china, removiendo las alas para cubrirlas bien con la mezcla.

6 Reducir el fuego y freír durante 20-25 minutos, dándoles vueltas frecuentemente hasta que estén bien hechas. Servir calientes.

SUGERENCIA

Puede preparar el plato con anticipación y congelar las alas de pollo. Descongele las alas, cúbralas con papel aluminio y caliéntelas en el horno a temperatura moderada.

4

5

6

Rellenos de Pato al Vapor

La masa que se utiliza en este receta se puede usar para una amplia variedad de rellenos, como pollo, cerdo, gambas o incluso rellenos dulces.

Para 4 personas

INGREDIENTES

MASA:
300 g de harina común (para todos los usos)
15 g de levadura seca
1 cucharadita de azúcar extra fino
2 cucharadas de agua tibia
175 ml de leche tibia

RELLENO:
300 g de pechuga de pato
1 cucharada de azúcar moreno claro
1 cucharada de salsa de soja ligera
2 cucharadas de miel clara
1 cucharada de salsa hoisin
1 cucharada de aceite vegetal
1 puerro, finamente picado
1 diente de ajo, machacado
1 trozo de 1 cm de raíz de jengibre fresca, rallada

1 Colocar la pechuga de pato en un recipiente grande. Mezclar el azúcar, la salsa de soja, la miel y la salsa hoisin. Verter la mezcla sobre el pato y macerar durante 20 minutos.

2 Sacar el pato de la salsa y meter en una parrilla sobre una fuente en un horno precalentado a 200°C, durante 35-40 minutos o hasta que esté bien hecho. Dejar enfriar, deshuesar la carne y cortarla en pequeños dados.

3 Calentar el aceite en una sartén china y freír el puerro, el ajo y el jengibre durante 3 minutos. Mezclar con la carne de pato.

4 Espolvorear la harina en un recipiente grande. Mezclar la levadura, el azúcar y el agua en otro recipiente y dejarlo en un lugar templado durante 15 minutos. Incorporar la mezcla de la levadura con la harina junto con el agua tibia, mezclando para formar una masa firme.

5 Amasar la masa sobre una superficie enharinada durante 5 minutos. Enrollar la masa en forma de salchicha, con un diámetro de 2,5 cm. Cortar en 16 trozos, cubrirlos y dejarlos reposar durante 20-25 minutos.

6 Aplanar los trozos de masa en círculos de 10 cm. Colocar una cucharada rasa del relleno en el centro de cada círculo, unir los lados para formar bolsitas y torcer los lados para sellarlos.

7 Colocar las bolsitas sobre un paño limpio húmedo en el fondo de la vaporera, tapar y cocer al vapor durante 20 minutos.

3

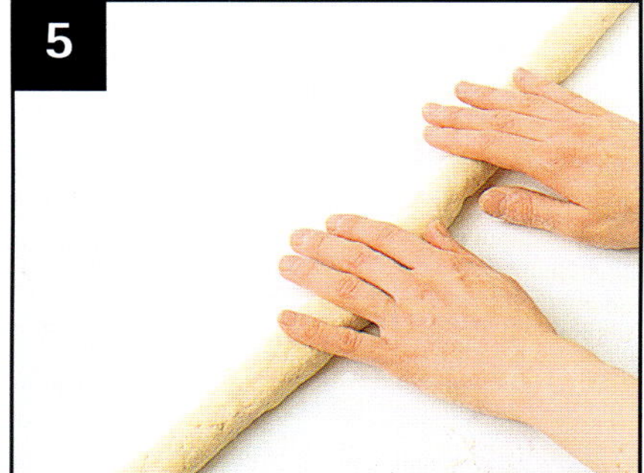

5

6

Albóndigas de Espinacas

Estas albóndigas son como una sorpresa. Las bolitas de la mezcla de cerdo se cubren con espinacas y se cocinan al vapor antes de servirse con una salsa de sésamo y de soja.

Para 4 personas

INGREDIENTES

125 g de carne de cerdo
1 huevo pequeño
1 trozo de 1 cm de raíz de jengibre fresca, picada
1 cebolla pequeña, finamente picada
1 cucharada de agua hirviendo
25 g de tallos de bambú enlatados, escurridos, enjuagados y picados
2 lonchas de jamón ahumado, picado
2 cucharaditas de Maizena (harina de maíz)
450 g de espinacas frescas
2 cucharaditas de pepitas de sésamo

SALSA:
150 ml de caldo de verduras
$^1/_2$ cucharadita de Maizena (harina de maíz)
1 cucharadita de agua fría
1 cucharadita de salsa de soja ligera
$^1/_2$ cucharadita de aceite de sésamo
1 cucharada de cebollinos picados

1 Triturar la carne de cerdo muy fino en un procesador de alimentos o en la trituradora. Batir ligeramente un huevo en un recipiente y añadir a la carne de cerdo.

2 Colocar el jengibre y la cebolla en otro recipiente, agregar el agua hirviendo y dejar reposar durante 5 minutos. Escurrir y agregar la mezcla de la carne de cerdo junto con los tallos de bambú, el jamón y la Maizena (harina de maíz). Mezclar muy bien y formar 12 albóndigas.

3 Lavar las espinacas y quitarles los tallos. Escaldarlas en agua hirviendo durante 10 segundos y escurrirlas bien, quitándoles toda la humedad posible. Cortar las espinacas en tiras muy delgadas y mezclarlas con las pepitas de sésamo. Extender la mezcla en una fuente poco profunda. Cubrir las albóndigas con la mezcla.

4 Colocar las albóndigas en un plato resistente al calor en la base de una vaporera. Tapar y cocer al vapor durante 8-10 minutos, hasta que estén bien cocidas y tiernas.

5 Entretanto, preparar la salsa. Verter el caldo en una cazuela y dejarlo hervir. Mezclar la Maizena (harina de maíz) y el agua hasta formar una pasta suave y vaciar en el caldo. Agregar la salsa de soja, el aceite de sésamo y los cebollinos. Colocar las albóndigas en una fuente caliente y servir con la salsa.

3

Rollos de Col al Vapor

Estos pequeños rollitos son fáciles y rápidos de preparar y cocinar. Son ideales para ofrecer una entrada rápida.

Para 4 personas

INGREDIENTES

8 hojas de col, lavadas
225 g de pollo sin hueso ni piel
175 g de gambas crudas o cocidas peladas
1 cucharadita de Maizena (harina de maíz)
1/2 cucharadita de chile en polvo
1 huevo ligeramente batido
1 cucharada de aceite vegetal
1 puerro, troceado
1 diente de ajo, finamente troceado
chile rojo fresco troceado, para adornar

1 Hervir agua en una cazuela grande. Escaldar las hojas de col durante 2 minutos. Escurrirlas, enjuagarlas en agua fría y volverlas a escurrir. Secarlas con papel de cocina y extenderlas sobre una superficie plana.

2 Colocar el pollo y las gambas en un procesador de alimentos y triturar hasta que estén finamente picados. Alternativamente, hacerlo en una trituradora. Colocar la mezcla en un recipiente y agregar la Maizena (harina de maíz), el chile en polvo y el huevo, mezclando muy bien.

3 Colocar 2 cucharadas de la mezcla de pollo y gambas en un extremo de cada hoja de col. Doblar los lados de la hoja de col alrededor del relleno y enrollar hasta tener un rollo firme.

4 Colocarlos con el lado abierto hacia abajo en una sola capa sobre un plato resistente al calor en una vaporera y cocer por espacio de 10 minutos o hasta que estén bien hechos.

5 Entretanto, calentar el aceite vegetal en una sartén china precalentada. Agregar el puerro y el ajo y saltear durante 1-2 minutos.

6 Colocar los rollos de col en platos individuales calientes y adornarlos con el chile rojo troceado. Servir con el puerro y ajo salteados.

SUGERENCIA

Utilizar col china o col Savoy para esta receta, escogiendo hojas de tamaño similar para hacer los rollos.

1

3

3

Tortilla China

Esta tortilla es bastante substanciosa ya que contiene pollo y gambas. Se cocina como una tortilla y después se parte para servir.

Para 4 personas

INGREDIENTES

8 huevos
225 g pollo cocido, desmenuzado
12 gambas gigantes, peladas y limpias
2 cucharadas de cebollinos picados
2 cucharaditas de salsa de soja clara
unas cuantas gotas de salsa de chile
2 cucharadas de aceite vegetal

1 Batir ligeramente los huevos en un recipiente grande.

2 Incorporar el pollo desmenuzado y las gambas gigantes a los huevos y mezclar bien.

3 Añadir los cebollinos, la salsa de soja y la salsa de chile, mezclando bien.

4 Calentar el aceite en una sartén grande a fuego medio y agregar la mezcla de huevo, ladeando la sartén para cubrir la base por completo. Cocer a fuego medio, removiendo ligeramente la tortilla con un tenedor, hasta que la superficie se haya cuajado y la parte del fondo esté dorada.

5 Cuando la tortilla esté cuajada, sacarla de la sartén con una espátula.

6 Cortar la tortilla en dados o tiras para servir.

VARIACIÓN

Puede agregar un sabor extra a la tortilla añadiendo 3 cucharadas de cilantro fresco finamente picado o 1 cucharadita de pepitas de sésamo con los cebollinos en el paso 3.

SUGERENCIA

Agregar guisantes u otras verduras a la tortilla y servir como plato principal para 2 personas.

2

4

5

Platos Principales

Este capítulo abarca muchos métodos de preparación e ingredientes para ofrecer una amplia variedad de platos fuertes para todas las ocasiones, ya sea una cena sencilla, una fiesta o una reunión informal. El pescado, los mariscos, el cerdo, la ternera, el cordero, el pato y el pollo, todos se utilizan potenciándolos al máximo para deleitar el paladar.

Cuando escoja los ingredientes, trate de comprarlos lo más frescos posible, particularmente el pescado y los mariscos. Puede variar la carne y el pescado para adaptarlos a sus preferencias personales, ya que son recetas muy adaptables.

Cuando tenga invitados, escoja varios platos diferentes, para ofrecerles la mayor variedad de sabores posible, y prepare todo lo que pueda con anticipación, para que pueda pasar más tiempo con sus invitados en lugar de tener que quedarse en la cocina.

Las porciones de las recetas que aparecen en este capítulo son acordes al menú chino tradicional y tal vez sean ligeramente más pequeñas que una porción occidental así que, ¿por qué no elige una selección y crea su propio banquete chino?

Pescado al Vapor con Salsa de Judías Negras

Los chinos utilizan mucho el pescado entero en su comida y la cocción al vapor es uno de sus métodos de preparación preferidos. Ayuda a mantener tanto el sabor como la textura.

Para 4 personas

INGREDIENTES

1 pargo entero de 900 g, limpio y sin escamas
3 dientes de ajo, machacados
2 cucharadas de salsa de judías negras
1 cucharadita de Maizena (harina de maíz)
2 cucharaditas de aceite de sésamo
2 cucharadas de salsa de soja clara
2 cucharaditas de azúcar extra fino
2 cucharadas de jerez seco
1 puerro pequeño, troceado
1 pimiento rojo pequeño, sin pepitas y cortado en tiras delgadas
puerro y limón troceados, para adornar
arroz o fideos hervidos, para servir

1 Enjuagar el pescado por dentro y fuera bajo el chorro del agua fría y secarlo con una toalla de papel. Hacer 2-3 cortes diagonales en el pescado de cada lado con un cuchillo afilado. Untarlo con ajo.

2 Mezclar muy bien la salsa de judías negras, la Maizena (harina de maíz), el aceite de sésamo, la salsa de soja clara, el azúcar y el jerez seco en un recipiente. Colocar el pescado en un plato poco profundo resistente al calor y vaciar la mezcla de la salsa sobre el mismo.

3 Agregar el puerro y las tiras de pimiento sobre la salsa. Colocar el plato sobre una vaporera, tapar y cocer al vapor durante 10 minutos o hasta que el pescado esté bien cocido. Colocar sobre una fuente para servir, adornar con el puerro y el limón troceados y servir con el arroz o fideos hervidos.

VARIACIÓN

Puede utilizar lubina o besugo entero en lugar de pargo en esta receta, si lo prefiere.

SUGERENCIA

Insertar la punta de un cuchillo afilado en el pescado para ver si está bien cocido. El pescado está bien cocido si la punta del cuchillo entra fácilmente en el pescado.

Pargo al Vapor Relleno de Frutas y Jengibre

Puede utilizar salmonete rojo en lugar del pargo entero, aunque es más difícil de rellenar por su tamaño. Utilice un salmonete por persona.

Para 4 personas

INGREDIENTES

1 pargo entero de 1,4 kg, limpio y sin escamas
175 g de espinacas
naranja y cebolletas (escalonias) troceadas, para adornar

RELLENO:
60 g de arroz de grano largo cocido
1 cucharadita de raíz de jengibre fresca
2 cebolletas (escalonias), finamente picadas
2 cucharaditas de salsa de soja clara
1 cucharadita de aceite de sésamo
$^{1}/_{2}$ cucharada de anís estrella molido
1 naranja, en gajos y picada

1 Enjuagar el pescado por dentro y fuera bajo el chorro del agua fría y secarlo con una toalla de papel. Escaldar las espinacas durante 40 segundos, enjuagarlas en agua fría y escurrirlas muy bien, presionando para sacar toda la humedad posible. Extender las espinacas sobre un plato resistente al calor y colocar el pescado sobre la capa de espinacas.

2 Para preparar el relleno, mezclar el arroz cocido, el jengibre rallado, la cebolleta (escalonia), la salsa de soja, el aceite de sésamo, el anís estrella y la naranja en un recipiente.

3 Introducir el relleno en el cuerpo del pescado con una cuchara, empujando bien.

4 Tapar el plato y cocer en una vaporera durante 10 minutos o hasta que el pescado esté bien hecho. Colocar el pescado en una fuente caliente, adornar con la naranja y la cebolleta (escalonia) troceadas y servir inmediatamente.

SUGERENCIA

El pargo abarca una familia de pescados tropicales y subtropicales de diferentes colores. Pueden ser rojos, naranjas, rosas, grises o azules-verdosos. Algunos tienen rayas o manchas y varían en tamaño desde 15 cm hasta 90 cm.

1

2

3

Trucha con Piña

La piña se usa mucho en la comida china. La textura de la piña fresca armoniza con el pescado particularmente bien.

Para 4 personas

INGREDIENTES

4 filetes de trucha, sin piel
2 cucharadas de aceite vegetal
2 dientes de ajo, cortados a tiras
4 rodajas de piña fresca, pelada y en dados
1 rama de apio, troceada
1 cucharada de salsa de soja clara
50 ml de zumo de piña fresco o sin edulcorante artificial
150 ml de caldo de pescado
1 cucharadita de Maizena (harina de maíz)
2 cucharaditas de agua
hojas de apio troceadas y tiras de chile rojo fresco, para adornar

1 Cortar los filetes de trucha a tiras. Calentar 1 cucharada de aceite vegetal en una sartén china precalentada hasta que esté a punto de humear. Bajar el fuego ligeramente, agregar el pescado y saltear durante 2 minutos. Sacar de la sartén china y guardar.

2 Agregar el resto del aceite a la sartén china, bajar el fuego y agregar el ajo, la piña y el apio. Saltear durante 1-2 minutos.

3 Agregar la salsa de soja, el jugo de piña y el caldo de pescado a la sartén china. Dejar hervir y cocer, removiendo durante 2-3 minutos o hasta que se reduzca la salsa.

4 Mezclar la Maizena (harina de maíz) con el agua para formar una pasta y verter en la sartén china. Hervir la salsa y remover constantemente, hasta que se espese y aclare.

5 Volver a poner el pescado en la sartén china y cocer, removiéndolo de vez en cuando hasta que se caliente. Colocar en una fuente caliente y servir, adornado con hojas de apio troceadas y tiras de chile rojo.

SUGERENCIA

Puede utilizar piña en lata en lugar de piña fresca si así lo desea, escoja piña troceada en jugo natural sin edulcorantes en lugar de piña en almíbar.

1

2

3

Salmonete con Jengibre

El jengibre se utiliza mucho en la comida china por su fuerte sabor penetrante. Siempre que sea posible, utilice jengibre fresco, aunque puede utilizar jengibre molido como alternativa cuando no tenga jengibre fresco.

Para 4 personas

INGREDIENTES

1 salmonete entero, limpio y sin escamas
2 cebolletas (escalonias), picadas
1 cucharadita de raíz de jengibre fresca
120 ml de vinagre de vino de ajo
120 ml de salsa de soja clara
3 cucharaditas de azúcar extra fino
unas gotas de salsa de chile
120 ml de caldo de pescado
1 pimiento verde, sin pepitas y finamente troceado
1 tomate grande, sin piel, sin pepitas y cortado a tiras delgadas
sal y pimienta
tomate troceado, para adornar

1 Enjuagar el pescado por dentro y fuera y secarlo con una toalla de papel.

2 Hacer tres cortes diagonales a ambos lados del pescado. Sazonar con sal y pimienta por dentro y fuera.

3 Colocar el pescado en un plato resistente al calor y esparcir las cebolletas (escalonias) y el jengibre sobre el pescado. Tapar y cocer al vapor durante 10 minutos o hasta que el pescado esté bien hecho.

4 Entretanto, meter el vinagre, la salsa de soja, el azúcar, la salsa de chile, el caldo de pescado, el pimiento y el tomate en una cazuela y ponerlos a hervir, removiendo de vez en cuando. Cocer a fuego vivo hasta que la salsa se haya reducido y espesado ligeramente.

5 Sacar el pescado de la vaporera y pasarlo a una fuente caliente para servir. Verter la salsa sobre el pescado, adornar con el tomate troceado y servir inmediatamente.

SUGERENCIA

Si lo prefiere, puede utilizar filetes de pescado en esta receta y reducir el tiempo de cocción a 5-7 minutos.

2

3

4

Pescado Blanco al estilo de Sichuan

La pimienta Sichuan es muy picante y debe utilizarse con cuidado para evitar que el plato resulte insoportablemente picante.

Para 4 personas

INGREDIENTES

350 g de filete de pescado blanco
1 huevo pequeño, batido
3 cucharadas de harina común (para todos los usos)
4 cucharadas de vino blanco seco
3 cucharadas de salsa de soja clara
aceite vegetal, para freír
1 diente de ajo, troceado
1 trozo de 1 cm de raíz de jengibre fresca, finamente picada
1 cebolla, finamente picada
1 rama de apio, picada
1 chile rojo fresco, picado
3 cebolletas (escalonias), picadas
1 cucharadita de vinagre de vino de arroz
1/2 cucharadita de pimienta Sichuan molida
175 ml de caldo de pescado
1 cucharadita de azúcar extra fino
1 cucharadita de Maizena (harina de maíz)
2 cucharaditas de agua
flores de chile y hojas de apio, para adornar

1 Cortar el pescado en dados de 4 cm.

2 En un recipiente, batir el huevo con la harina, el vino y 1 cucharada de salsa de soja para formar una pasta.

3 Sumergir los dados de pescado en la pasta y cubrirlos bien.

4 Calentar el aceite en una sartén china precalentada hasta que esté a punto de humear. Bajar el fuego ligeramente y freír el pescado, en tandas, unos 2-3 minutos, hasta que esté dorado. Escurrir en toallas de papel y mantener caliente.

5 Retirar casi todo el aceite de la sartén china, dejando sólo una cucharada y devolver al fuego. Agregar el ajo, el jengibre, la cebolla, el apio, el chile y las cebolletas (escalonias) y saltear durante 1-2 minutos.

6 Agregar el resto de la salsa de soja y el vinagre.

7 Agregar la pimienta Sichuan, el caldo de pescado y el azúcar a la sartén china. Mezclar la Maizena (harina de maíz) con el agua para formar una pasta suave y verter en el caldo. Dejar hervir y remover durante 1 minuto, hasta que la salsa se espese y aclare.

8 Devolver el pescado a la sartén china y cocer durante 1-2 minutos, hasta que esté caliente. Colocar en una fuente, adornar con las flores de chile y las hojas del apio y servir.

Pescado Crujiente

Éste es un plato muy picante – ¡no lo recomendamos para los débiles de corazón! Puede prepararlo sin picante si lo prefiere.

Para 4 personas

INGREDIENTES

450 g de filete de pescado blanco

PASTA:
- 60 g de harina común (para todos los usos)
- 1 huevo, separar la yema de la clara
- 1 cucharada de aceite de cacahuete
- 4 cucharadas de leche

abundante aceite vegetal, para freír

SALSA:
- 1 chile rojo fresco, picado
- 2 dientes de ajo, machacados
- una pizca de chile en polvo
- 3 cucharadas de puré de tomate (pasta)
- 1 cucharada de vinagre de vino de arroz
- 2 cucharadas de salsa de soja oscura
- 2 cucharadas de vino de arroz chino
- 2 cucharadas de agua
- una pizca de azúcar extra fino

1 Cortar el pescado en dados de 2,5 cm y dejar a un lado. Tamizar la harina en un recipiente y hacer un agujero en el centro. Agregar la yema de huevo y el aceite y verter la leche poco a poco, incorporando la harina para formar una pasta suave. Dejar reposar durante 20 minutos.

2 Batir la clara de huevo a punto de nieve e incorporar a la pasta. Calentar el aceite en una sartén china precalentada. Sumergir el pescado en la pasta y freír, en tandas, durante 8-10 minutos, hasta que esté bien hecho. Sacar el pescado de la sartén con una espumadera y conservar caliente.

3 Eliminar casi todo el aceite de la sartén china, dejando sólo una cucharada y devolver al fuego. Agregar el chile, el ajo, el chile en polvo, el puré de tomate (pasta), el vinagre de vino de arroz, la salsa de soja, el vino de arroz chino, el agua y el azúcar y cocer, removiendo unos 3-4 minutos.

4 Devolver el pescado a la sartén china y remover con cuidado para cubrirlo con la salsa. Cocer durante 2-3 minutos, hasta que esté caliente. Colocar el pescado y la salsa en una fuente y servir inmediatamente.

SUGERENCIA

Retire el aceite caliente de la sartén china con mucho cuidado y asegúrese de transferirlo a un recipiente adecuado hasta que se enfríe.

2

3

4

Popurrí de Frutos del Mar

Para este delicioso plato de pescado rebozado con salsa de vino puede utilizar cualquier combinación de pescado y mariscos.

Para 4 personas

INGREDIENTES

2 cucharadas de vino blanco seco
1 clara de huevo, ligeramente batida
1/2 cucharadita de polvo de cinco especias chinas
1 cucharadita de Maizena (harina de maíz)
300 g de gambas crudas, peladas y limpias
125 g de calamar, cortado a rodajas
125 g de filete de pescado blanco, cortado a tiras
abundante aceite vegetal, para freír
1 pimiento verde, sin pepitas y cortado a tiras delgadas
1 zanahoria, cortada a tiras delgadas
4 mazorcas de maíz miniatura, cortadas por la mitad, a lo largo

1 Mezclar el vino, la clara de huevo, el polvo de cinco especias chinas y la Maizena (harina de maíz) en un recipiente grande. Agregar las gambas, los aros de calamar y los filetes de pescado y remover para cubrirlos uniformemente. Sacar el pescado y los mariscos con una espumadera, guardar la mezcla de Maizena (harina de maíz) que haya sobrado.

2 Calentar el aceite en una sartén china precalentada y freír bien las gambas, el calamar y el pescado durante 2-3 minutos. Sacar el pescado de la sartén china con una espumadera y dejar a un lado.

3 Vaciar casi todo el aceite de la sartén china, dejando sólo una cucharada y devolver al fuego. Agregar el pimiento, la zanahoria y las mazorcas de maíz y saltear durante 4-5 minutos.

4 Devolver la mezcla de pescado a la sartén china y agregar lo que haya sobrado de la mezcla de la Maizena. Freír, removiendo y agitando para calentar bien. Colocar en una fuente y servir inmediatamente.

SUGERENCIA

Abrir los aros de calamar con un cuchillo afilado, dibujar cuadros en la carne para que sean más atractivos.

1

2

3

Gambas Fritas con Anacardos

Los anacardos son deliciosos como parte de cualquier plato salteado. Utilizar la variedad sin sal para cocinar.

Para 4 personas

INGREDIENTES

2 dientes de ajo, machacados
1 cucharada de Maizena (harina de maíz)
una pizca de azúcar extra fino
450 g de gambas gigantes crudas
4 cucharadas de aceite vegetal
1 puerro, troceado
125 g de brécol
1 pimiento naranja, sin pepitas y en dados
75 g de anacardos sin sal

SALSA:
175 ml de caldo de pescado
1 cucharada de Maizena (harina de maíz)
unas gotas de salsa de chile
2 cucharaditas de aceite de sésamo
1 cucharada de vino de arroz chino

1 Mezclar el ajo, la Maizena (harina de maíz) y el azúcar en un recipiente. Pelar y limpiar las gambas. Meterlas en la mezcla y cubrirlas muy bien.

2 Calentar el aceite en una sartén china precalentada y agregar la mezcla de las gambas. Saltear a fuego vivo durante 20-30 segundos hasta que las gambas adquieran un color rosado. Sacar las gambas de la sartén china con una espumadera y dejar a un lado.

3 Agregar el puerro, el brécol y el pimiento a la sartén china y saltear durante 2 minutos.

4 Para preparar la salsa, mezclar el caldo de pescado, la Maizena (harina de maíz), la salsa de chile al gusto, el aceite de sésamo y el vino de arroz chino. Agregar la mezcla a la sartén china, junto con los anacardos. Devolver las gambas a la sartén china y cocer durante 1 minuto para calentarlas. Colocar en una fuente y servir inmediatamente.

VARIACIÓN

Esta receta también funciona muy bien con tiras de pollo, cerdo o ternera, en lugar de gambas. Utilizar 225 g de carne en lugar de los 450 g de gambas.

1

3

4

Gambas (pequeñas) Fu Yong

Los ingredientes clásicos de este popular plato son los huevos, las zanahorias y las gambas (pequeñas). Puede agregar ingredientes extras como guisantes o cangrejo, si lo desea.

Para 4 personas

INGREDIENTES

2 cucharadas de aceite vegetal
1 zanahoria, rallada
5 huevos batidos
225 g de gambas (pequeñas) crudas, peladas
1 cucharada de salsa de soja clara
una pizca de polvo de cinco especias chinas
2 cebolletas (escalonias), picadas
2 cucharaditas de pepitas de sésamo
1 cucharadita de aceite de sésamo

1 Calentar el aceite vegetal en una sartén china precalentada.

2 Agregar la zanahoria y saltear durante 1-2 minutos.

3 Mover la zanahoria a un lado de la sartén china y agregar los huevos. Freír, revolviendo ligeramente, durante 1-2 minutos.

4 Añadir las gambas (pequeñas), la salsa de soja y el polvo de cinco especias a la mezcla de la sartén china. Saltear la mezcla durante 2-3 minutos, o hasta que las gambas (pequeñas) cambien de color y la mezcla esté casi seca.

5 Pasar las gambas (pequeñas) fu yong a un plato caliente y rociarlas con las cebolletas (escalonias), las pepitas de sésamo y el aceite de sésamo. Servir inmediatamente.

VARIACIÓN

Para preparar un plato más substancioso, puede añadir 225 g de arroz cocido de grano largo con las gambas (pequeñas) en el paso 4. Pruebe y ajuste las cantidades de la salsa de soja, el polvo de cinco especias chinas y el aceite de sésamo, si es necesario. Esta es una manera muy útil de utilizar el arroz que haya sobrado de otro día.

SUGERENCIA

Si sólo puede conseguir gambas cocidas, agréguelas justo al final del tiempo de cocción, pero asegúrese de mezclarlas muy bien con el fu yong. Sólo tiene que calentarlas bien. Si las cuece en exceso, se volverán correosas y perderán su sabor.

3

4

5

Gambas Cantonesas

Este plato de gambas es muy sencillo y es ideal para la cena o comida cuando no se dispone de mucho tiempo.

Para 4 personas

INGREDIENTES

5 cucharadas de aceite vegetal
4 dientes de ajo, machacados
675 g de gambas crudas, sin cáscara y limpias
1 trozo de 5 cm de raíz de jengibre fresca, picada
175 g de cerdo sin grasa, en dados
1 puerro, troceado
3 huevos, batidos
puerro troceado y pimiento rojo cortado muy fino, para adornar

SALSA:
2 cucharadas de jerez seco
2 cucharadas de salsa de soja clara
2 cucharaditas de azúcar extra fino
150 ml de caldo de pescado
4 $^1/_2$ cucharadita de Maizena (harina de maíz)
3 cucharadas de agua

1 Calentar 2 cucharadas de aceite en una sartén china precalentada. Agregar el ajo y saltear durante 30 segundos. Agregar las gambas y saltear durante 5 minutos o hasta que cambien de color. Sacar las gambas de la sartén china con una espumadera, dejar a un lado y mantener calientes.

2 Agregar el resto del aceite a la sartén china y calentarlo. Agregar el jengibre, el cerdo en dados y el puerro y saltear a fuego medio durante 4-5 minutos, o hasta que el cerdo adquiera un ligero color uniforme.

3 Agregar el jerez, la salsa de soja, el azúcar y el caldo de pescado a la sartén china. Mezclar la Maizena con el agua para formar una pasta suave y añadir a la sartén. Remover hasta que la salsa se espese y aclare.

4 Devolver las gambas a la sartén china y agregar los huevos batidos. Freír durante 5-6 minutos, removiendo de vez en cuando, hasta que los huevos se hayan cuajado. Traspasar a una fuente caliente, adornar con el puerro troceado y las tiras de pimiento y servir inmediatamente.

SUGERENCIA

Utilice vino de arroz chino en lugar de jerez a ser posible.

1

2

2

Calamar con Salsa de Ostras

El calamar es un delicioso molusco que, contrariamente a lo que se dice, no tiene textura de goma. Si se prepara y cocina correctamente, es un ingrediente fácil, atractivo y muy sabroso.

Para 4 personas

INGREDIENTES

1 calamar de 450 g
150 ml de aceite vegetal
1 trozo de 1 cm de raíz de jengibre fresca, rallada
60 g de guisantes
5 cucharadas de caldo de pescado caliente
pimiento rojo cortado en triángulos, para adornar

SALSA:
1 cucharada de salsa de ostras
1 cucharada de salsa de soja clara
una pizca de azúcar extra fino
1 diente de ajo, machacado

1 Para preparar el calamar, cortar el centro del cuerpo hacia abajo, a lo largo. Abrir y aplanar el calamar y dibujar unas rejillas profundas en la carne con un cuchillo afilado.

2 Para preparar la salsa, combinar la salsa de ostras, la salsa de soja, el azúcar y el ajo en un recipiente pequeño. Remover para disolver el azúcar y guardar hasta que se necesite.

3 Calentar el aceite en una sartén china precalentada hasta que esté a punto de humear. Bajar el fuego ligeramente, agregar el calamar y saltear hasta que se enrolle. Retirar con una espumadera y escurrir muy bien sobre papel de cocina (toallas de papel).

4 Eliminar casi todo el aceite de la sartén china, dejando sólo dos cucharadas y devolver al fuego. Agregar el jengibre y los guisantes y saltear durante 1 minuto.

5 Volver a poner el calamar en la sartén china y añadir la salsa y el caldo de pescado caliente. Cocer la mezcla a fuego lento durante 3 minutos o hasta que esté espesa.

6 Pasar a un plato caliente, adornar con el pimiento en triángulos y servir inmediatamente.

SUGERENCIA

Tenga cuidado de no freír el calamar en exceso, de lo contrario adquirirá una textura de goma y ya no será apetitoso.

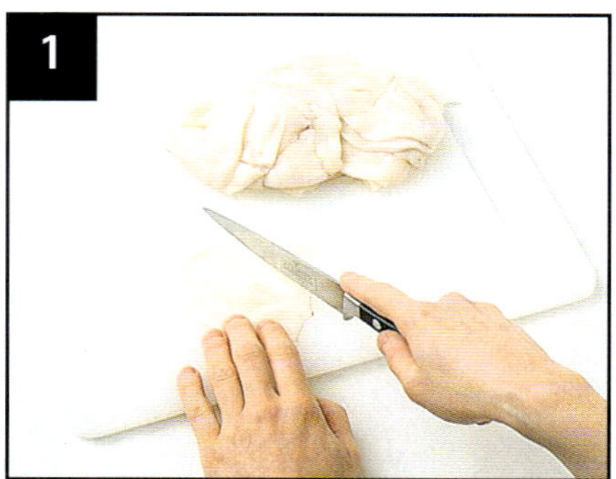
1

2

3

Vieiras en Salsa de Jengibre

Las vieiras son atractivas y deliciosas y realzan esta receta. Cocinado con jengibre y naranja, este plato va muy bien acompañado con arroz.

Para 4 personas

INGREDIENTES

- 2 cucharadas de aceite vegetal
- 450 g de vieiras, limpias y abiertas
- 1 trozo de 2,5 cm de raíz de jengibre fresca, finamente picada
- 3 dientes de ajo, machacados
- 2 puerros, en juliana
- 75 g de guisantes sin vaina
- 125 g de tallos de bambú en lata, escurridos y enjuagados
- 2 cucharadas de salsa de soja clara
- 2 cucharadas de zumo de naranja sin edulcorantes
- 1 cucharadita de azúcar extra fino
- piel de naranja en tiras muy finas, para adornar

1 Calentar el aceite en una sartén china precalentada. Agregar las vieiras y saltear durante 1-2 minutos. Sacarlas de la sartén china con una espumadera y apartarlas.

2 Agregar el jengibre y el ajo a la sartén china y saltear durante 30 segundos. Añadir los puerros y guisantes y revolver durante otros 2 minutos.

3 Agregar los tallos de bambú y devolver las vieiras a la sartén china. Remover ligeramente para mezclar sin romper las vieiras.

4 Agregar la salsa de soja, el zumo de naranja y el azúcar y freír durante 1-2 minutos. Pasar a una fuente, adornar con las tiras de naranjas y servir inmediatamente.

SUGERENCIA

Las partes que se pueden comer de las vieiras son el molusco blanco redondo y la parte naranja y blanca. La faldilla que rodea al molusco – las agallas y manto – pueden utilizarse para preparar caldo de mariscos. Todas las demás partes deben tirarse.

SUGERENCIA

Si tiene vieiras congeladas, las puede descongelar y utilizar en esta receta, agregándolas al final de la cocción para evitar que se quiebren. Si compra vieiras sin concha, compruebe si son frescas o congeladas. Las frescas son de color cremoso y más translúcidas, mientras que las congeladas tienden a ser muy blancas.

1

2

3

Cangrejo en Salsa de Jengibre

En esta receta, los cangrejos se sirven en su caparazón, para facilitar su preparación y darle colorido al plato, y se cubren con una salsa de jengibre brillante.

Para 4 personas

INGREDIENTES

2 cangrejos pequeños cocidos
2 cucharadas de aceite vegetal
1 trozo de 9 cm de raíz de jengibre fresca, rallada
2 dientes de ajo, finamente troceados
1 pimiento verde, sin pepitas y cortado en tiras delgadas
6 cebolletas (escalonias), cortadas en trozos de 2,5 cm
2 cucharadas de jerez seco
1/2 cucharadita de aceite de sésamo
150 ml de caldo de pescado
1 cucharadita de azúcar moreno claro
2 cucharaditas de Maizena (harina de maíz)
150 ml de agua

1 Enjuagar los cangrejos y aflojar un poco alrededor del caparazón en la parte de arriba. Con un cuchillo afilado, cortar el tejido gris y tirarlo. Enjuagar los cangrejos nuevamente.

2 Retorcer y separar las patas y tenazas de los cangrejos. Con un par de pinzas o un cuchillo, quebrar las tenazas para abrir el caparazón y exponer la carne. Retirar y tirar todas las partes sueltas de los caparazones.

3 Separar el cuerpo y tirar los pulmones y saco que no se comen. Cortar el centro de cada cangrejo para separar el cuerpo en dos trozos y después cortar éstos por la mitad otra vez.

4 Calentar el aceite en una sartén china precalentada. Agregar el jengibre y el ajo y saltear durante 1 minuto. Agregar los trozos de cangrejo y saltear durante 1 minuto.

5 Agregar el pimiento, las cebolletas (escalonias), el jerez, el aceite de sésamo, el caldo y el azúcar. Hervir, bajar el fuego, tapar y cocer a fuego lento durante 3-4 minutos.

6 Mezclar la Maizena (harina de maíz) con el resto del agua y añadir a la sartén china. Hervir, removiendo, hasta que la salsa se espese y aclare. Colocar en un plato y servir inmediatamente.

SUGERENCIA

Si prefiere, puede sacar la carne de los caparazones antes de saltear y agregarla a la sartén china con el pimiento.

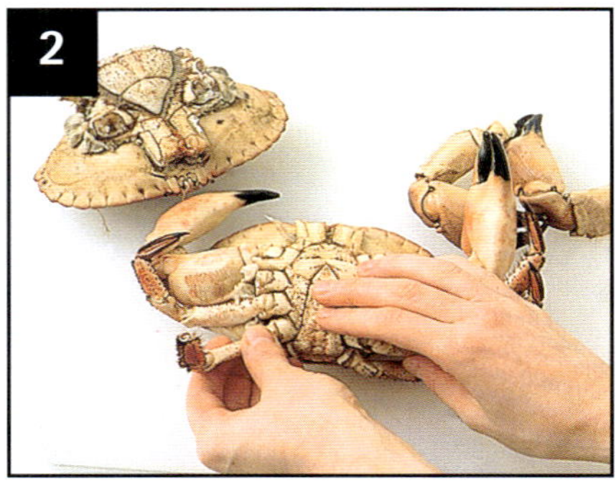

2

2

3

Pollo Picante

Éste es un plato muy picante, con chiles frescos. Si prefiere un plato menos picante, utilice sólo la mitad de la cantidad de chiles indicada.

Para 4 personas

INGREDIENTES

350 g de pollo deshuesado, sin piel
$^1/_2$ cucharadita de sal
1 clara de huevo, ligeramente batida
2 cucharadas de Maizena (harina de maíz)
4 cucharadas de aceite vegetal
2 dientes de ajo, machacados
1 trozo de 1 cm de raíz de jengibre fresca, rallada
1 pimiento rojo, sin pepitas y en dados
1 pimiento verde, sin pepitas y en dados
2 chiles rojos frescos, picados
2 cucharadas de salsa de soja clara
1 cucharada de jerez seco o vino de arroz blanco
1 cucharada de vinagre de vino

1 Cortar el pollo en dados y colocarlo en un recipiente. Agregar la sal, la clara de huevo, la Maizena (harina de maíz) y 1 cucharada de aceite. Cubrir el pollo muy bien con la mezcla.

2 Calentar el resto del aceite en una sartén china precalentada. Agregar el ajo y el jengibre y saltear durante 30 segundos.

3 Agregar los trozos de pollo a la sartén china y saltear durante 2-3 minutos o hasta que esté dorado.

4 Agregar los pimientos, los chiles, la salsa de soja, el jerez o vino de arroz chino y el vinagre de vino y freír durante otros 2-3 minutos, hasta que el pollo esté bien hecho. Colocar en un plato y servir.

VARIACIÓN

Esta receta funciona muy bien si utilizan 350 g de bistec sin grasa, cortado en tiras delgadas, o 450 g de gambas crudas en lugar del pollo.

SUGERENCIA

Cuando prepare los chiles, utilice guantes de goma para evitar que el jugo del chile le irrite las manos. Trate de no tocarse la cara, especialmente los labios u ojos hasta que se haya lavado las manos.

1

3

4

Pollo al Limón

Esta comida está en la lista de platos favoritos chinos de todos y es muy fácil de preparar. El pollo frito se cocina en una salsa de limón penetrante en tan sólo unos minutos y va muy bien acompañado con verduras ligeramente fritas.

Para 4 personas

INGREDIENTES

abundante aceite vegetal, para freír
650 g de pollo deshuesado, sin piel, cortado en tiras
limón troceado y cebolletas (escalonias) desmenuzadas, para adornar

SALSA:
1 cucharada de Maizena (harina de maíz)
6 cucharadas de agua fría
3 cucharadas de zumo de limón recién exprimido
2 cucharadas de jerez seco
1/2 cucharadita de azúcar extra fino

1 Calentar el aceite en una sartén china precalentada hasta que esté a punto de humear. Bajar el fuego y saltear las tiras de pollo durante 3-4 minutos, hasta que estén bien hechas. Sacar el pollo con una espumadera, apartarlo y mantenerlo caliente. Escurrir el aceite de la sartén china.

2 Para preparar la salsa, mezclar la Maizena con 2 cucharadas de agua para formar una pasta.

3 Verter el zumo de limón y el resto del agua en la mezcla de la sartén china. Agregar el jerez y el azúcar y hervir, removiendo hasta que el azúcar se haya disuelto casi por completo.

4 Añadir la mezcla de la Maizena y volver a hervir. Bajar el fuego y cocer a fuego lento, removiendo constantemente, durante 2-3 minutos, hasta que la salsa se espese y aclare.

5 Colocar el pollo en un plato caliente y cubrirlo con la salsa. Adornar con limón troceado y las cebolletas (escalonias) desmenuzadas y servir inmediatamente.

SUGERENCIA

Si prefiere utilizar porciones completas de pollo en lugar de tiras, fríalas en el aceite, tapadas, a fuego lento por espacio de 30 minutos o hasta que estén bien cocidas.

Pollo Dorado

Ésta es una deliciosa manera de preparar un pollo entero. Tiene un maravilloso glaseado que se sirve como salsa.

Para 4 personas

INGREDIENTES

1 pollo de 1,5 kg
3 cucharadas de aceite vegetal
1 cucharada de aceite de cacahuete
2 cucharadas de azúcar moreno claro
5 cucharadas de salsa de soja oscura
150 ml de agua
2 dientes de ajo, machacados
1 cebolla pequeña, picada
1 chile rojo fresco, picado
hojas de apio y cebollinos, para adornar

1 Limpiar el pollo por dentro y fuera con papel de cocina húmedo (toallas de papel).

2 Verter el aceite en una sartén china grande, agregar el azúcar y calentar lentamente hasta que el azúcar empiece a volverse caramelo. Añadir la salsa de soja. Agregar el pollo y removerlo en la mezcla para cubrirlo bien por todos lados.

3 Agregar el agua, el ajo, la cebolla y el chile. Tapar y cocer a fuego lento, dándole la vuelta ocasionalmente, por espacio de 1 hora o hasta que esté bien hecho. Probar si lo está pinchando uno de los muslos con la punta de un cuchillo – los jugos escurrirán claros cuando el pollo esté cocido.

4 Sacar el pollo de la sartén china y colocarlo aparte. Aumentar el fuego y cocer la salsa de la sartén china hasta que espese. Colocar el pollo en una fuente, adornarlo con las hojas de apio y los cebollinos y servir con la salsa.

SUGERENCIA

Cuando esté derritiendo el azúcar, no ponga el fuego muy fuerte, de lo contrario se puede quemar.

VARIACIÓN

Para preparar una salsa más condimentada, agregue 1 cucharada de raíz de jengibre fresca finamente picada y 1 cucharada de granos de pimienta Sichuan molidos con el chile en el paso 3. Si el sabor de la salsa de soja es demasiado fuerte para su gusto, la puede sustituir por 2 cucharadas de salsa de soja oscura y 3 cucharadas de salsa de soja clara. Esto le dará un sabor más delicado sin sacrificar el atractivo color del plato.

Pollo con Anacardos y Verduras

Éste es un plato popular en los restaurantes chinos de Occidente, aunque no hay nada mejor que prepararlo usted mismo.

Para 4 personas

INGREDIENTES

300 g de pechugas de pollo, deshuesadas y sin piel
1 cucharada de Maizena (harina de maíz)
1 cucharada de aceite de sésamo
1 cucharada de salsa hoisin
1 cucharadita de salsa de soja clara
3 dientes de ajo, machacados
2 cucharadas de aceite vegetal
75 g de anacardos sin sal
25 g de guisantes
1 rama de apio, troceada
1 cebolla, cortada en 8 trozos
60 g de brotes de soja
1 pimiento rojo, sin pepitas y en dados

SALSA:
2 cucharaditas de Maizena (harina de maíz)
2 cucharadas de salsa hoisin
200 ml de caldo de pollo

1 Quitar toda la grasa de las pechugas de pollo y cortarlas en tiras delgadas. Colocar el pollo en un recipiente grande. Espolvorear con la Maizena (harina de maíz), y remover para cubrir las tiras de pollo y quitar el exceso de harina. Mezclar el aceite de sésamo, la salsa hoisin, la salsa de soja y 1 diente de ajo. Colocar esta mezcla sobre el pollo, moviéndolo para cubrirlo bien. Dejar macerar durante 20 minutos.

2 Calentar la mitad del aceite vegetal en una sartén china precalentada. Agregar los anacardos y saltear durante 1 minuto, hasta que estén dorados. Agregar los guisantes, el apio, el resto del ajo, la cebolla, los brotes de soja y el pimiento rojo y freír, removiendo ocasionalmente, durante 2-3 minutos. Retirar las verduras de la sartén china con una espumadera, colocarlas aparte y mantenerlas calientes.

3 Calentar el resto del aceite en la sartén china. Sacar el pollo de la salsa donde se estaba macerando y saltearlo durante 3-4 minutos. Devolver las verduras a la sartén china.

4 Para preparar la salsa, mezclar la Maizena (harina de maíz), la salsa hoisin y el caldo de pollo y echar a la sartén china. Hervir, removiendo hasta que la salsa se espese y aclare. Servir inmediatamente.

1

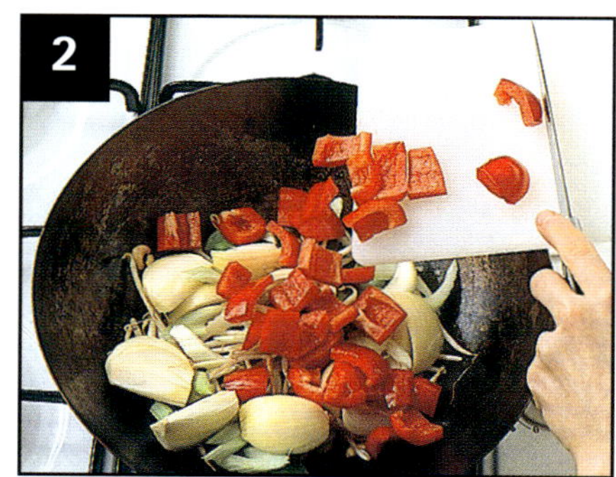

2

3

Chop Suey de Pollo

Los platos Chop Suey, *ampliamente conocidos y populares, son fáciles de preparar y deliciosos. Se preparan con brotes de soja y salsa de soja con carne o verduras.*

Para 4 personas

INGREDIENTES

4 cucharadas de salsa de soja clara
2 cucharaditas de azúcar moreno claro
500 g de pechugas de pollo, deshuesadas y sin piel
3 cucharadas de aceite vegetal
2 cebollas, partidas a cuartos
2 dientes de ajo, machacados
350 g de brotes de soja
3 cucharaditas de aceite de sésamo
1 cucharada de Maizena (harina de maíz)
3 cucharadas de agua
425 ml de caldo de pollo
puerro desmenuzado, para adornar

1 Mezclar la salsa de soja y el azúcar, removiendo hasta que el azúcar se haya disuelto.

2 Quitar la grasa del pollo y cortar la carne en tiras delgadas. Colocar las tiras de pollo en un plato de vidrio poco profundo y colocar la mezcla de soja encima, moviendo las tiras para cubrirlas bien. Dejar macerar en la nevera por espacio de 20 minutos.

3 Calentar el aceite en una sartén china precalentada. Agregar el pollo y saltear durante 2-3 minutos, hasta que esté dorado.

4 Agregar las cebollas y el ajo y freír durante otros 2 minutos. Agregar los brotes de soja, freír otros 4-5 minutos y después agregar el aceite de sésamo.

5 Mezclar la Maizena (harina de maíz) con el agua para formar una pasta suave. Echar el caldo en la sartén china junto con la pasta de la Maizena y hervir, removiendo constantemente hasta que la salsa se espese y aclare. Colocar en un plato caliente, adornar con el puerro desmenuzado y servir inmediatamente.

VARIACIÓN

Esta receta puede prepararse con tiras de bistec o cerdo sin grasa o verduras mezcladas. Cambie el tipo de caldo de acuerdo con la carne o verduras de su elección.

2

3

4

Pollo con Salsa de Judías Amarillas

La salsa de judías amarillas ya preparada se puede conseguir en supermercados grandes o en tiendas de productos chinos. Está hecha de judías de soja amarillas y es muy salada.

Para 4 personas

INGREDIENTES

450 g de pechugas de pollo, deshuesadas y sin piel
1 clara de huevo, batida
1 cucharada de Maizena (harina de maíz)
1 cucharada de vinagre de vino de arroz
1 cucharada de salsa de soja
1 cucharadita de azúcar extra fino
3 cucharadas de aceite vegetal
1 diente de ajo, machacado
1 trozo de 1 cm de raíz de jengibre fresca, rallada
1 pimiento verde, sin pepitas y en dados
2 setas grandes, troceadas
3 cucharadas de salsa de judías amarillas
tiras de pimiento amarillo o verde, para adornar

1 Quitar la grasa del pollo y cortar la carne en dados de 2,5 cm.

2 Mezclar la clara de huevo y la Maizena (harina de maíz) en un recipiente poco profundo. Agregar el pollo y cubrirlo bien con la mezcla. Dejar reposar durante 20 minutos.

3 Mezclar el vinagre, la salsa de soja y el azúcar en un recipiente.

4 Sacar el pollo de la mezcla de la clara de huevo.

5 Calentar el aceite en una sartén china precalentada, agregar el pollo y saltear durante 3-4 minutos, hasta que esté dorado. Sacar el pollo de la sartén china con una espumadera, apartar y mantener caliente.

6 Agregar el ajo, el jengibre, el pimiento y las setas a la sartén china y saltear durante 1-2 minutos.

7 Agregar la salsa de judías amarillas y freír durante 1 minuto. Añadir la mezcla de vinagre y devolver el pollo a la sartén china. Freír durante 1-2 minutos y servir caliente, adornar con tiras de pimiento.

VARIACIÓN

También puede utilizar la salsa de judías negras en esta receta, aunque puede afectar la apariencia del plato, ya que es de un color mucho más oscuro, pero los sabores son compatibles.

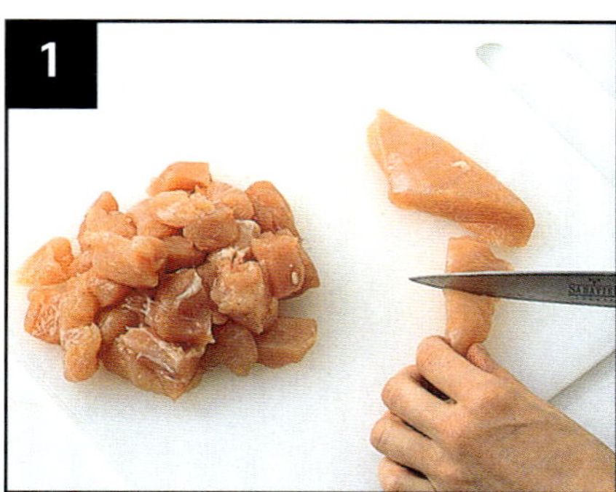

1

6

7

Pollo Crujiente

En esta receta, el pollo se glasea y se fríe muy bien hasta que queda dorado. Su preparación lleva tiempo, pero vale la pena.

Para 4 personas

INGREDIENTES

1 pollo de 1,5 kg, listo para meterlo al horno
2 cucharadas de miel clara
2 cucharaditas de polvo de cinco especias chinas
2 cucharadas de vinagre de vino de arroz
850 ml de aceite vegetal, para freír
salsa de chile, para servir

1 Enjuagar el pollo por dentro y fuera bajo el chorro de agua fría y secar con papel de cocina (toallas de papel).

2 Hervir agua en una cazuela grande y retirar del fuego. Colocar el pollo en el agua, tapar y dejar reposar durante 20 minutos. Sacar el pollo del agua y secarlo con papel de cocina (toallas de papel). Dejar enfriar y meterlo en la nevera toda la noche.

3 Para preparar el glaseado, mezclar la miel, el polvo de cinco especias chinas y el vinagre de vino de arroz.

4 Untar todo el pollo con parte del glaseado y meterlo en la nevera nuevamente por espacio de 20 minutos. Repetir este proceso hasta que todo el glaseado se haya consumido. Volver a introducir el pollo en la nevera y dejarlo ahí al menos 2 horas antes de darle la última capa.

5 Con un cuchillo abrir el pollo, separándolo del centro a lo largo de la pechuga y después cortar cada mitad en 4 trozos.

6 Calentar el aceite para freír en una sartén china hasta que esté a punto de humear. Bajar el fuego y freír cada trozo de pollo durante 5-7 minutos, hasta que estén dorados y bien hechos. Sacarlos de la sartén china con una espumadera y escurrirlos en papel de cocina (toallas de papel).

7 Colocarlos en una fuente y servirlos calientes con un poco de salsa de chile.

SUGERENCIA

Si le es más fácil, puede utilizar porciones de pollo en lugar del pollo entero. También puede utilizar muslos de pollo en esta receta si lo prefiere.

2

2

5

Pollo Picante con Cacahuetes

Este plato rápido tiene diversas variaciones, pero esta versión incluye la combinación clásica de cacahuetes, pollo y chiles, que se mezclan para ofrecer un plato maravillosamente suculento.

Para 4 personas

INGREDIENTES

300 g de pechugas de pollo, deshuesadas y sin piel
2 cucharadas de aceite de cacahuete
125 g de cacahuetes pelados
1 chile rojo fresco, troceado
1 pimiento verde, sin pepitas y cortado a tiras
arroz frito, para servir

SALSA:
150 ml de caldo de pollo
1 cucharada de vino de arroz chino o jerez seco
1 cucharada de salsa de soja clara
1 1/2 cucharaditas de azúcar moreno claro
2 dientes de ajo, machacados
1 cucharadita de raíz de jengibre fresca rallada
1 cucharadita de vinagre de vino de arroz
1 cucharadita de aceite de sésamo

1. Quitar la grasa del pollo y cortar la carne en dados de 2,5 cm. Apartar.

2. Calentar el aceite de cacahuete en una sartén china precalentada. Agregar los cacahuetes y saltear durante 1 minuto. Sacarlos con una espumadera y dejar a un lado.

3. Agregar el pollo a la sartén china y freír durante 1-2 minutos. Añadir el chile y el pimiento verde y freír durante 1 minuto. Sacar de la sartén china con una espumadera y apartar.

4. Colocar la mitad de los cacahuetes en un procesador de alimentos y triturar hasta que hayan formado una pasta casi suave. Alternativamente, puede meterlos en una bolsa de plástico y machacarlos con un rodillo.

5. Para preparar la salsa, verter el caldo de pollo, el vino de arroz chino o el jerez seco, la salsa de soja, el azúcar, el ajo, el jengibre y el vinagre de vino de arroz en la sartén china.

6. Calentar la salsa sin dejar hervir y añadir los cacahuetes, el pollo, el chile y el pimiento.

7. Añadir el aceite de sésamo a la sartén, remover y cocer durante 1 minuto. Servir caliente con arroz frito.

SUGERENCIA

Si es necesario, triturar los cacahuetes con un poco de caldo en el paso 4 para formar una pasta suave.

3

4

6

Ensalada de Pollo China

Éste es un plato refrescante para una comida de verano o un almuerzo ligero.

Para 4 personas

INGREDIENTES

225 g de pechugas de pollo, deshuesadas y sin piel
2 cucharaditas de salsa de soja clara
1 cucharadita de aceite de sésamo
1 cucharadita de pepitas de sésamo
2 cucharadas de aceite vegetal
125 g de brotes de soja
1 pimiento rojo, sin pepitas y finamente troceado
1 zanahoria, cortada a tiras finas
3 mazorcas de maíz miniatura, troceadas
cebollinos picados y zanahoria a tiras pequeñas para adornar

SALSA:
2 cucharaditas de vinagre de vino de arroz
1 cucharada de salsa de soja clara
unas gotas de aceite de chile

1 Colocar el pollo en un recipiente de vidrio poco profundo.

2 Mezclar la salsa de soja y el aceite de sésamo y verter sobre el pollo. Añadir las pepitas de sésamo y dejar macerar durante 20 minutos.

3 Sacar el pollo de la salsa y cortarlo a trozos.

4 Calentar el aceite en una sartén china precalentada. Agregar el pollo y freír durante 4-5 minutos, hasta que esté bien hecho y dorado por ambos lados. Sacar el pollo de la sartén china con una espumadera, apartar y dejar enfriar.

5 Agregar los brotes de soja, el pimiento, la zanahoria y las mazorcas de maíz a la sartén china y saltear durante 2-3 minutos. Sacar de la sartén china con una espumadera, apartar y dejar enfriar.

6 Para preparar la salsa, mezclar el vinagre de vino de arroz, la salsa de soja clara y el aceite de chile.

7 Colocar el pollo y las verduras juntos en un plato. Verter la salsa sobre la ensalada, adornar con cebollinos y la zanahoria a tiras y servir.

SUGERENCIA

Si tiene tiempo, prepare la salsa y déjela reposar durante 30 minutos, para que los sabores se desarrollen por completo.

2

Pato de Pekín

Ningún libro de recetas de comida china estaría completo sin esta famosa receta. El pato de piel crujiente se sirve con crepes y una salsa penetrante, lo cual lo hace un plato realmente especial.

Para 4 personas

INGREDIENTES

1 pato de 1,8 kg
1,75 litros de agua hirviendo
4 cucharadas de miel clara
2 cucharaditas de salsa de soja oscura
2 cucharadas de aceite de sésamo
125 ml de salsa hoisin
125 g de azúcar extra fino
125 ml de agua
tiras de zanahoria, para adornar
crepes chinos, pepino en tiras y cebolletas (escalonias), para servir

1 Colocar el pato en una parrilla sobre una fuente para asar y verter 1,2 litros de agua hirviendo sobre el mismo. Retirar el plato y la parrilla y desechar el agua. Secar el pato con papel de cocina, colocarlo aparte sobre la parrilla durante varias horas.

2 Mezclar la miel, el resto del agua hirviendo y la salsa de soja. Pincelar la mezcla en la piel e interior del pato. Conservar el resto del glaseado. Colocar el pato aparte durante 1 hora, hasta que el glaseado se haya secado.

3 Cubrir el pato con otra capa de glaseado. Dejar secar y repetir hasta que se haya consumido todo el glaseado.

4 Calentar el aceite y agregar la salsa hoisin, el azúcar y el agua. Cocer a fuego lento durante 2-3 minutos, hasta que espese. Enfriar y meter en la nevera.

5 Meter el pato en un horno precalentado, a 190°C, durante 30 minutos. Dar la vuelta al pato y dejar 20 minutos. Darle la vuelta nuevamente y dejar 20-30 minutos o hasta que esté bien hecho y la piel esté crujiente.

6 Sacar el pato del horno y dejarlo reposar durante 10 minutos. Entretanto, calentar los crepes en una vaporera por espacio de 5-7 minutos. Cortar la piel y carne del pato a tiras, adornar con las tiras de zanahoria y servir con los crepes, la salsa, el pepino y las cebolletas (escalonias).

SUGERENCIA

Conserve los crepes tapados mientras esté preparando lo demás para evitar que se sequen.

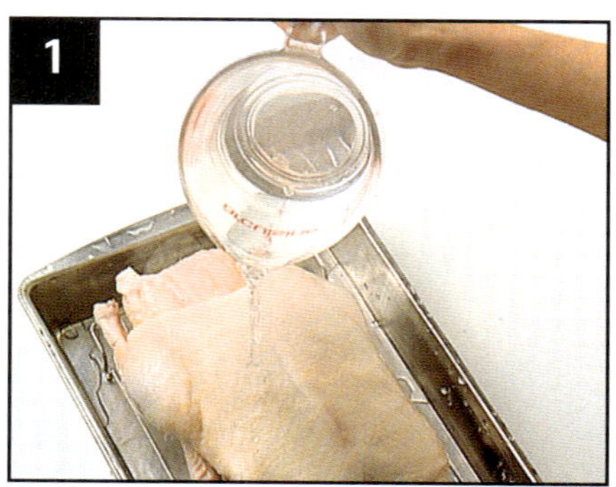

1

1

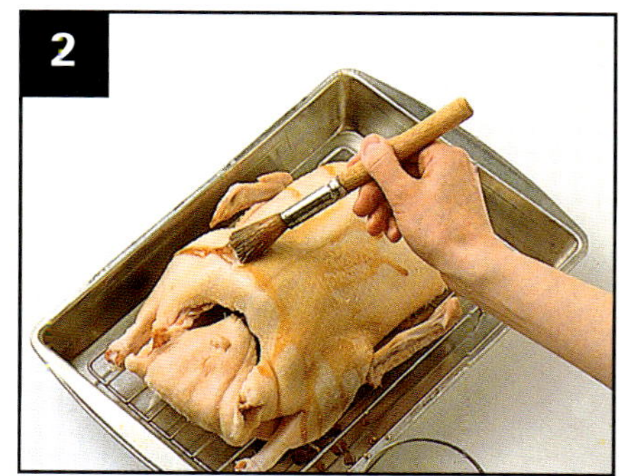

2

Pato en Salsa Picante

El polvo de cinco especias chinas da un maravilloso sabor a este pato en lonchas, y el chile añade un poco de picor.

Para 4 personas

INGREDIENTES

1 cucharada de aceite vegetal
1 cucharadita de raíz de jengibre fresca, rallada
1 diente de ajo, machacado
1 chile rojo fresco, picado
350 g de pato deshuesado, sin piel, cortado a tiras
125 g de coliflor, cortada a racimos
60 g de guisantes (tirabeques)
60 g de mazorcas de maíz miniatura, partidas por la mitad a lo largo
300 ml de caldo de pollo
1 cucharadita de polvo de cinco especias chinas
2 cucharaditas de vino de arroz chino o jerez seco
1 cucharadita de Maizena (harina de maíz)
2 cucharaditas de agua
1 cucharadita de aceite de sésamo

1 Calentar el aceite vegetal en una sartén china precalentada. Bajar el fuego ligeramente y agregar el jengibre, el ajo, el chile y el pato y saltear durante 2-3 minutos. Sacar de la sartén china con una espumaderay guardar.

2 Agregar los racimos de coliflor, los guisantes (tirabeques) y las mazorcas de maíz a la sartén china y saltear durante 2-3 minutos. Escurrir el exceso de aceite de la sartén china y mover las verduras a un lado.

3 Devolver el pato a la sartén china y añadir el caldo. Rociar el polvo de cinco especias chinas encima, agregar el vino de arroz chino o jerez y cocer a fuego lento por espacio de 15 minutos, hasta que el pato esté tierno.

4 Mezclar la Maizena (harina de maíz) con el agua para formar una pasta y añadir a la sartén china, junto con el aceite de sésamo. Llevar a ebullición y remover hasta que la salsa se espese y aclare.

5 Colocar el pato y la salsa picante en un plato caliente y servir inmediatamente.

SUGERENCIA

Elimine el chile si quiere un sabor más suave o también puede sacarle las pepitas al chile antes de mezclarlo para que el plato no resulte tan picante.

Pato Glaseado con Miel

Este glaseado de miel y soja le da un maravilloso brillo y sabor a la piel del pato. Aunque es una receta sencilla, el resultado es simplemente delicioso.

Para 4 personas

INGREDIENTES

1 cucharadita de salsa de soja oscura
2 cucharadas de miel clara
1 cucharadita de vinagre de ajo
2 dientes de ajo, machacados
1 cucharadita de anís estrella
2 cucharaditas de Maizena (harina de maíz)
2 cucharaditas de agua
2 pechugas de pato grandes, deshuesadas, de aproximadamente 225 g cada una
hojas de apio, pepino en rodajas y cebollinos, para adornar

1 Mezclar la salsa de soja, la miel clara, el vinagre de ajo, el ajo y el anís estrella. Mezclar la Maizena (harina de maíz) con el agua para formar una pasta suave y añadir a la mezcla.

2 Colocar las pechugas de pato en un plato poco profundo para horno. Pintar con la maceración de soja, volviéndolas para cubrirlas completamente. Tapar y dejar macerar en la nevera al menos 2 horas o toda la noche si es posible.

3 Sacar el pato de la salsa y meter en un horno precalentado, a 220°C, durante 20-25 minutos, rociándolo frecuentemente con el glaseado.

4 Sacar el pato del horno y pasarlo a una parrilla precalentada. Asar a la parrilla durante 3-4 minutos para caramelizar la parte de arriba.

5 Retirar el pato de la parrilla y cortar en lonchas delgadas. Colocar las lonchas en una fuente caliente, adornar con las hojas de apio, el pepino y cebollinos troceados y servir inmediatamente.

SUGERENCIA

Si el pato se empieza a quemar ligeramente mientras se está haciendo en el horno, lo puede cubrir con papel aluminio. Compruebe que las pechugas de pato estén bien cocidas insertando la punta de un cuchillo afilado en la parte más gruesa de la carne – los jugos se deben salir claros.

2

4

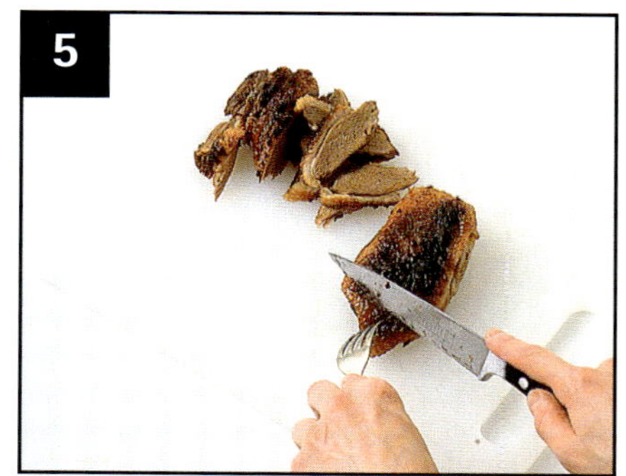

5

Pato con Mangos

Utilice mangos frescos en esta receta para obtener un fabuloso sabor y color. Si no los puede conseguir, utilice mangos en lata y escúrralos antes de usarlos.

Para 4 personas

INGREDIENTES

2 mangos maduros medianos
300 ml de caldo de pollo
2 dientes de ajo, machacados
1 cucharadita de raíz de jengibre fresca, rallada
3 cucharadas de aceite vegetal
2 pechugas de pato sin piel, de aproximadamente 225 g cada una
1 cucharadita de vinagre de vino
1 cucharadita de salsa de soja clara
1 puerro, troceado
perejil picado fresco, para adornar

1 Pelar los mangos, sacar toda la pulpa y cortar en tiras.

2 Colocar la mitad de la pulpa de los mangos y el caldo en un procesador y triturar hasta formar una pasta suave. Alternativamente, pasar la mitad de la pulpa de los mangos por un colador y mezclar con el caldo.

3 Untar el pato con el ajo y el jengibre. Calentar el aceite en una sartén china precalentada y freír las pechugas de pato, volviéndolas, hasta que se doren. Conservar el aceite de la sartén china y sacar el pato. Colocar el pato en una parrilla sobre una fuente para asar y meter en el horno precalentado, a 220°C, durante 20 minutos, hasta que esté bien hecho.

4 Entretanto, colocar la mezcla de mango y caldo en una cazuela y agregar el vinagre y la salsa de soja. Hervir y cocer a fuego vivo, removiendo hasta que la salsa se reduzca a la mitad.

5 Calentar el aceite restante de la sartén china y saltear el puerro y el resto del mango durante 1 minuto. Sacar de la sartén china, pasar a un plato y mantener caliente.

6 Rebanar las pechugas de pato cocidas y colocarlas sobre la mezcla del puerro y mango. Verter la salsa sobre las lonchas de pato, adornar y servir.

SUGERENCIA

Tenga cuidado de no freír en exceso las lonchas de mango en la sartén china o removerlas vigorosamente, de lo contrario se pueden romper.

1

3

4

Pato Frito con Brécol y Pimientos

Este plato con pimientos de diferentes colores y brécol es muy sabroso y atractivo a la vista.

Para 4 personas

INGREDIENTES

1 clara de huevo
2 cucharadas de Maizena (harina de maíz)
450 g de carne de pato deshuesada, sin piel
abundante aceite vegetal, para freír
1 pimiento rojo, sin pepitas y en dados
1 pimiento amarillo, sin pepitas y en dados
125 g de racimos pequeños de brécol
1 diente de ajo, machacado
2 cucharadas de salsa de soja clara
2 cucharaditas de vino de arroz chino o jerez seco
1 cucharadita de azúcar moreno claro
125 ml de caldo de pollo
2 cucharaditas de pepitas de sésamo

1 Batir la clara de huevo y la Maizena (harina de maíz) en un recipiente.

2 Cortar el pato en dados de 2,5 cm y añadir a la mezcla de la clara de huevo. Dejar reposar durante 30 minutos.

3 Calentar abundante aceite para freír en una sartén china precalentada hasta que esté a punto de humear. Sacar el pato de la mezcla de la clara de huevo, colocarlo en la sartén china y freír en el aceite durante 4-5 minutos, hasta que esté crujiente. Sacar el pato del aceite con una espumadera y escurrirlo en papel de cocina (toallas de papel).

4 Agregar los pimientos y el brécol a la sartén china y freír durante 2-3 minutos. Sacarlos con una espumadera y escurrirlos en papel de cocina (toallas de papel).

5 Retirar casi todo el aceite de la sartén china, dejando sólo dos cucharadas y devolver al fuego. Agregar el ajo y saltear durante 30 segundos. Agregar la salsa de soja, el vino de arroz chino o jerez, el azúcar y el caldo y llevar a ebullición.

6 Agregar el pato y las verduras y cocer durante 1-2 minutos.

7 Colocar cuidadosamente el pato y las verduras en una fuente caliente y espolvorearlo con las pepitas de sésamo. Servir de inmediato.

Cerdo Frito con Verduras

Éste es un plato muy sencillo que se puede preparar con casi cualquier combinación de verduras que tenga a mano.

Para 4 personas

INGREDIENTES

- 350 g de carne de cerdo sin grasa (lomo)
- 2 cucharadas de aceite vegetal
- 2 dientes de ajo, machacados
- 1 trozo de 1 cm de jengibre fresco, troceado
- 1 zanahoria, cortada a tiras delgadas
- 1 pimiento rojo, sin pepitas y en dados
- 1 bulbo de hinojo, troceado
- 25 g de castañas de agua, cortadas por la mitad
- 75 g de brotes de soja
- 2 cucharadas de vino de arroz chino
- 300 ml de caldo de cerdo o pollo
- una pizca de azúcar moreno claro
- 1 cucharadita de Maizena (harina de maíz)
- 2 cucharaditas de agua

1 Cortar el cerdo en lonchas delgadas. Calentar el aceite en una sartén china precalentada. Agregar el ajo, el jengibre y el cerdo y saltear durante 1-2 minutos, hasta dorar muy bien la carne.

2 Agregar la zanahoria, el pimiento, el hinojo y las castañas de agua a la sartén china y saltear por espacio de 2-3 minutos.

3 Agregar los brotes de soja y saltear durante 1 minuto. Sacar el cerdo y las verduras de la sartén china y mantenerlos calientes.

4 Agregar el vino de arroz chino, el caldo de cerdo o pollo y el azúcar a la sartén china. Mezclar la Maizena (harina de maíz) con el agua para formar una pasta suave y añadir a la salsa. Llevar a ebullición, removiendo constantemente hasta que se espese y aclare.

5 Volver a colocar la carne y las verduras en la sartén china y cocer durante 1-2 minutos, hasta que estén bien calientes y cubiertas con la salsa. Colocar en una fuente caliente y servir inmediatamente.

SUGERENCIA

Puede utilizar jerez seco en lugar de vino de arroz chino si no lo puede conseguir.

2

2

4

Cerdo Agridulce

Este plato es uno de los más frecuentes en la dieta occidental y es probablemente una de las recetas más conocidas de la comida china.

Para 4 personas

INGREDIENTES

150 ml de abundante aceite vegetal, para freír
225 g de filete de cerdo (lomo), cortado en dados de 1 cm
1 cebolla, troceada
1 pimiento verde, sin pepitas y troceado
225 g de trozos de piña
1 zanahoria pequeña, cortada a tiras delgadas
25 g de tallos de bambú en lata, escurridos, enjuagados y cortados por la mitad
arroz o fideos, para servir

PASTA:
125 g de harina común (para todos los usos)
1 cucharada de Maizena (harina de maíz)
1 1/2 cucharaditas de levadura en polvo
1 cucharada de aceite vegetal

SALSA:
125 g de azúcar moreno claro
2 cucharadas de Maizena (harina de maíz)
125 ml de vinagre de vino blanco
2 dientes de ajo, machacados
4 cucharadas de puré de tomate (pasta)
6 cucharadas de zumo de piña

1 Para preparar la pasta, espolvorear la harina en un recipiente junto con la Maizena (harina de maíz) y levadura en polvo. Agregar el aceite y remover con suficiente agua para formar una pasta espesa y suave (alrededor de 175 ml).

2 Verter el aceite vegetal en la sartén china y calentar hasta que esté a punto de humear. Sumergir los dados de cerdo en la pasta y freír en el aceite caliente, por tandas, hasta que el cerdo esté bien hecho. Sacar el cerdo de la sartén china con una espumadera, apartar y conservar caliente.

3 Retirar casi todo el aceite de la sartén china, dejando sólo una cucharada y devolverla al fuego. Agregar la cebolla, el pimiento, los trozos de piña, la zanahoria y los tallos de bambú y saltear durante 1-2 minutos. Sacar de la sartén china con una espumadera y dejar a un lado.

4 Mezclar todos los ingredientes de la salsa y meterlos en la sartén china. Llevar a ebullición, removiendo, hasta que la salsa se espese y aclare. Cocer durante 1 minuto, después añadir el cerdo y las verduras a la sartén china. Cocer otros 1-2 minutos, colocar en una fuente y servir con arroz o fideos.

2

3

4

Cerdo con Ciruelas

La salsa de ciruela se utiliza frecuentemente en la comida china con pato o carne grasa para neutralizar su sabor.

Para 4 personas

INGREDIENTES

450 g de filete de cerdo (lomo)
1 cucharada de Maizena (harina de maíz)
2 cucharadas de salsa de soja clara
2 cucharadas de vino de arroz chino
4 cucharadas de azúcar moreno claro
una pizca de canela molida
5 cucharaditas de aceite vegetal
2 dientes de ajo, machacados
2 cebolletas (escalonias), picadas
4 cucharadas de salsa de ciruela
1 cucharada de salsa hoisin
150 ml de agua
unas gotas de salsa de chile
ciruelas fritas partidas en cuartos y cebolletas, para adornar

1 Cortar el filete de cerdo (lomo) en lonchas delgadas.

2 Mezclar la Maizena (harina de maíz), la salsa de soja, el vino de arroz, el azúcar y la canela.

3 Colocar el cerdo en un recipiente poco profundo y agregar la mezcla de la Maizena (harina de maíz) encima. Tapar y dejar macerar al menos por espacio de 30 minutos.

4 Sacar el cerdo del recipiente y guardar la salsa de maceración.

5 Calentar el aceite en una sartén china precalentada. Agregar el cerdo y saltear durante 3-4 minutos, hasta que se dore ligeramente.

6 Añadir el ajo, las cebolletas (escalonias), la salsa de ciruela, la salsa hoisin, el agua y la salsa de chile. Llevar a ebullición la salsa. Bajar el fuego, tapar y dejar cocer a fuego lento durante 8-10 minutos o hasta que el cerdo esté bien hecho y tierno.

7 Agregar la salsa de la maceración y cocer, removiendo por espacio de 5 minutos. Colocar en una fuente caliente y adornar con las ciruelas partidas en cuartos y las cebolletas (escalonias). Servir inmediatamente.

VARIACIÓN

También puede utilizar carne de pato sin hueso en tiras en lugar de la carne de cerdo, si lo prefiere.

3

6

7

Buñuelos de Cerdo

En esta receta se cubren pequeños trozos de carne de cerdo en una pasta ligera y se fríen en aceite abundante – son deliciosos acompañados con salsa de soja y miel.

Para 4 personas

INGREDIENTES

450 g de filete de cerdo (lomo)
2 cucharadas de aceite de cacahuete
200 g de harina común (para todos los usos)
2 cucharaditas de levadura en polvo
1 huevo, batido
225 ml de leche
una pizca de chile en polvo
abundante aceite vegetal, para freír

SALSA:
2 cucharadas de salsa de soja oscura
3 cucharadas de miel clara
1 cucharada de vinagre de vino
1 cucharada de cebollinos picados
1 cucharada de puré de tomate (pasta)
cebollinos, para adornar

1 Cortar el cerdo en dados de 2,5 cm.

2 Calentar el aceite de cacahuete en una sartén china precalentada. Agregar el cerdo y saltearlo durante 2-3 minutos, hasta que adquiera un color uniforme. Sacar el cerdo con una espumadera y dejar a un lado.

3 Espolvorear la harina en un recipiente y hacer un agujero en el centro. Agregar el huevo, la leche y el chile en polvo poco a poco para formar una pasta espesa.

4 Calentar el aceite para freír en una sartén china hasta que esté a punto de humear y después bajar el fuego ligeramente.

5 Sumergir los trozos de cerdo en la mezcla y cubrirlos muy bien. Colocar el cerdo rebozado en la sartén china y freír hasta que esté dorado y bien hecho. Sacar el cerdo con una espumadera y escurrir muy bien sobre papel de cocina (toallas de papel).

6 Entretanto, mezclar la salsa de soja, la miel, el vinagre de vino, los cebollinos y el puré de tomate (pasta) y colocar en un recipiente.

7 Colocar los buñuelos de cerdo en los platos para servir, adornar con los cebollinos y acompañar con la salsa.

SUGERENCIA

Tenga mucho cuidado cuando caliente el aceite para freír. Se debe calentar hasta que esté a punto de humear y después debe reducir el fuego inmediatamente. Coloque el cerdo en el aceite con mucho cuidado.

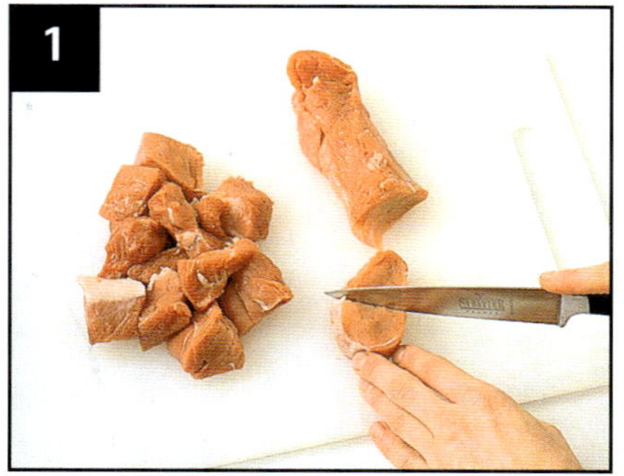

1

3

5

Salteado de Ternera y Brécol

Ésta es una estupenda combinación de ingredientes llenos de color y sabor, y se prepara rápida y fácilmente.

Para 4 personas

INGREDIENTES

225 g de bistec sin grasa
2 dientes de ajo, machacados
unas gotas de aceite de chile
1 trozo de 1 cm de raíz de jengibre fresca, rallada
1/2 cucharadita de polvo de cinco especias chinas
2 cucharadas de salsa de soja oscura
2 cucharadas de aceite vegetal
150 g de ramitas de brécol
1 cucharada de salsa de soja clara
150 ml de caldo de ternera
2 cucharaditas de Maizena (harina de maíz)
4 cucharaditas de agua
tiras de zanahoria, para adornar

1 Cortar el bistec en tiras delgadas y colocarlo en un recipiente de vidrio poco profundo. Mezclar el ajo, el aceite de chile, el jengibre rallado, el polvo de cinco especias chinas y la salsa de soja en un recipiente pequeño y colocar sobre la carne, removiendo para cubrir las tiras uniformemente. Dejar macerando en la nevera.

2 Calentar 1 cucharada de aceite vegetal en una sartén china precalentada. Agregar el brécol y saltear a fuego medio durante 4-5 minutos. Sacar el brécol de la sartén china con una espumadera y dejar a un lado.

3 Calentar el resto del aceite en la sartén china. Agregar el bistec junto con la maceración y saltear durante 2-3 minutos, hasta que el bistec esté dorado.

4 Devolver el brécol a la sartén china y añadir la salsa de soja y el caldo.

5 Mezclar la Maizena (harina de maíz) con el agua para formar una pasta suave y echarla a la sartén china. Llevar a ebullición, removiendo, hasta que se espese y aclare. Freír durante 1 minuto.

6 Colocar el bistec y el brécol en una fuente caliente, adornar con las tiras de zanahoria en forma de rejilla y servir inmediatamente.

SUGERENCIA

Deje el bistec en adobo durante varias horas para que adquiera un sabor más substancioso. Tápelo y déjelo en adobo en la nevera si lo prepara con anticipación.

1

3

4

Ternera Macerada con Salsa de Ostras

Este plato es fácil de preparar, pero sale mejor si se deja macerar durante bastante tiempo para suavizar la carne y darle más sabor.

Para 4 personas

INGREDIENTES

225 g de bistec sin grasa, cortado en dados de 2,5 cm
1 cucharada de salsa de soja clara
1 cucharadita de aceite de sésamo
2 cucharaditas de vino de arroz chino o jerez seco
1 cucharadita de azúcar extra fino
2 cucharaditas de salsa hoisin
1 diente de ajo, machacado
1/2 cucharadita de Maizena (harina de maíz)
pimiento verde troceado, para adornar
arroz o fideos, para servir

SALSA:
2 cucharadas de salsa de soja oscura
1 cucharadita de azúcar extra fino
1/2 cucharadita de Maizena (harina de maíz)
3 cucharadas de salsa de ostras
8 cucharadas de agua
2 cucharadas de aceite vegetal
3 dientes de ajo, machacados
1 trozo de 1 cm de raíz de jengibre fresca, rallada
8 mazorcas de maíz miniatura, cortadas por la mitad
1/2 pimiento verde, sin pepitas y troceado finamente
25 g de tallos de bambú, escurridos y enjuagados

1 Colocar el bistec en un recipiente poco profundo. Mezclar la salsa de soja, el aceite de sésamo, el vino de arroz chino o jerez, el azúcar, la salsa hoisin, el ajo y la Maizena (harina de maíz) y echarlo todo sobre el bistec, cubriéndolo muy bien. Tapar y macerar al menos por espacio de 1 hora.

2 Entretanto, preparar la salsa. Mezclar la salsa de soja oscura con el azúcar, la Maizena (harina de maíz), la salsa de ostras y el agua. Calentar el aceite en una sartén china precalentada. Agregar el bistec junto con el adobo y saltear durante 2-3 minutos, hasta que esté ligeramente dorado.

3 Agregar el ajo, el jengibre, las mazorcas de maíz, el pimiento y los tallos de bambú. Añadir la mezcla de la salsa de ostras y hervir. Bajar el fuego y cocer durante 2-3 minutos. Pasar a una fuente caliente, adornar con pimiento verde troceado y servir inmediatamente.

SUGERENCIA

Para lograr un sabor más substancioso, deje el bistec en adobo en la nevera toda la noche.

1

2

3

Ternera Picante

En esta receta, la carne de ternera se macera en una salsa de cinco especias y chile para darle un sabor picante.

Para 4 personas

INGREDIENTES

225 g de filete de ternera
2 dientes de ajo, machacados
1 cucharadita de anís estrella en polvo
1 cucharada de salsa de soja oscura
ramitas de las cebolletas, para adornar

SALSA:
2 cucharadas de aceite vegetal
1 manojo de cebolletas (escalonias), cortadas por la mitad a lo largo
1 cucharada de salsa de soja oscura
1 cucharada de jerez seco
$^{1}/_{4}$ de cucharadita de salsa de chile
150 ml de agua
2 cucharaditas de Maizena (harina de maíz)
4 cucharaditas de agua

1 Cortar la carne a tiras delgadas y colocar en un recipiente poco profundo.

2 Mezclar el ajo, el anís estrella y la salsa de soja oscura en un recipiente y echarlo sobre las tiras de carne, moviéndolas para cubrirlas muy bien. Tapar y dejar macerando en la nevera al menos durante 1 hora.

3 Calentar el aceite en una sartén china precalentada. Bajar el fuego, agregar las cebolletas partidas por la mitad (escalonias) y saltear durante 1-2 minutos. Sacarlas de la sartén china con una espumadera y apartar.

4 Agregar la carne a la sartén china, junto con la maceración, y saltear durante 3-4 minutos. Añadir las cebolletas (escalonias) partidas por la mitad a la sartén china y agregar la salsa de soja, el jerez, la salsa de chile y dos terceras partes del agua.

5 Mezclar la Maizena (harina de maíz) con el agua restante para formar una pasta y echar a la sartén china. Llevar a ebullición, removiendo hasta que la salsa se espese y aclare.

6 Pasar a una fuente caliente, adornar con las ramitas de las cebolletas y servir inmediatamente.

SUGERENCIA

Si desea un plato menos picante, elimine la salsa de chile.

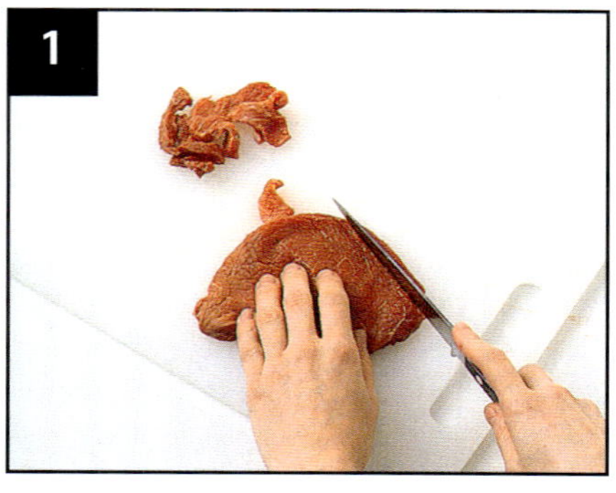
1

3

4

Carne de Ternera y Judías

El color verde de las judías contrasta con el color oscuro de la carne de ternera, servida con una salsa substanciosa.

Para 4 personas

INGREDIENTES

450 g de filete o solomillo de ternera, cortado a trozos de 2,5 cm

MACERACIÓN:
2 cucharaditas de Maizena (harina de maíz)
2 cucharadas de salsa de soja
2 cucharaditas de aceite de cacahuete

SALSA:
2 cucharadas de aceite vegetal
3 dientes de ajo, machacados
1 cebolla pequeña, cortada en 8 trozos
225 g de judías verdes delgadas, por la mitad
25 g de anacardos sin sal
25 g de tallos de bambú en lata, escurridos y enjuagados
2 cucharaditas de salsa de soja oscura
2 cucharaditas de vino de arroz chino o jerez seco
125 ml de caldo de ternera
2 cucharaditas de Maizena (harina de maíz)
4 cucharaditas de agua
sal y pimienta

1 Para preparar la maceración, mezclar la Maizena (harina de maíz), la salsa de soja y el aceite de cacahuete.

2 Colocar la carne en un recipiente de vidrio poco profundo. Echar la maceración sobre la carne, moviéndola para cubrirla muy bien, tapar y dejar macerando en la nevera al menos durante 30 minutos.

3 Para preparar la salsa, calentar el aceite en una sartén china precalentada. Agregar el ajo, la cebolla, las judías, los anacardos y los tallos de bambú y saltear durante 2-3 minutos.

4 Sacar la carne de la maceración, escurrir y añadir a la sartén china, saltear durante 3-4 minutos.

5 Mezclar la salsa de soja, el vino de arroz chino o jerez y el caldo de ternera. Mezclar la Maizena (harina de maíz) con el agua y agregar la mezcla de la salsa de soja, moviendo muy bien para combinar todo.

6 Echar la mezcla en la sartén china y hervir la salsa, removiéndola hasta que espese y aclare. Bajar el fuego y cocer a fuego lento durante 2-3 minutos. Sazonar al gusto y servir inmediatamente.

VARIACIÓN

Esta receta también es deliciosa con la adición de tirabeques en lugar de las judías verdes si lo prefiere.

Albóndigas de Cordero

Estas pequeñas albóndigas se hacen con cordero picado y se condimentan con chile, ajo, perejil y curry chino en polvo.

Para 4 personas

INGREDIENTES

450 g de cordero picado
3 dientes de ajo, machacados
2 cebolletas (escalonias), finamente picadas
1/2 cucharadita de chile en polvo
1 cucharadita de curry chino en polvo
1 cucharada de perejil fresco picado
25 g de migas de pan blanco fresco
1 huevo, batido
3 cucharadas de aceite vegetal
125 g de col china, troceada
1 puerro, desmenuzado
1 cucharada de Maizena (harina de maíz)
2 cucharadas de agua
300 ml de caldo de cordero
1 cucharada de salsa de soja oscura
puerro desmenuzado, para adornar

1 Mezclar el cordero, el ajo, las cebolletas, el chile en polvo, el curry chino en polvo, el perejil y las migas de pan en un recipiente. Añadir el huevo y mezclar todo para formar una pasta firme. Formar 16 albóndigas del mismo tamaño.

2 Calentar el aceite en una sartén china precalentada. Agregar la col y el puerro y saltear durante 1 minuto. Sacar de la sartén china con una espumadera y apartar.

3 Agregar las albóndigas a la sartén china y freír en tandas, dándoles vueltas con cuidado durante 3-4 minutos hasta que se doren.

4 Mezclar la Maizena (harina de maíz) y el agua para formar una pasta suave y apartar. Verter el caldo de cordero y la salsa de soja en la sartén china y cocer durante 2-3 minutos. Agregar la pasta de la Maizena (harina de maíz). Llevar a ebullición y remover constantemente, hasta que la salsa se espese y aclare.

5 Volver a introducir la col y puerro en la sartén china y cocer durante 1 minuto hasta que se hayan calentado. Colocar la col y puerro en una fuente caliente y poner las albóndigas encima, adornar con el puerro desmenuzado y servir inmediatamente.

VARIACIÓN

Puede utilizar carne picada de ternera o cerdo en lugar de cordero como alternativa.

1

2

3

Cordero con Salsa de Setas

En esta receta es conveniente utilizar un trozo de cordero sin grasa, como filete, para que la carne sea tierna y dé buen sabor.

Para 4 personas

INGREDIENTES

350 g de cordero sin hueso y sin grasa, como filete o lomo
2 cucharadas de aceite vegetal
3 dientes de ajo, machacados
1 puerro, troceado
1 cucharadita de Maizena (harina de maíz)
4 cucharadas de salsa de soja clara
3 cucharadas de vino de arroz chino o jerez seco
3 cucharadas de agua
$^{1}/_{2}$ cucharadita de salsa de chile
175 g de setas grandes, troceadas
$^{1}/_{2}$ cucharadita de aceite de sésamo
chiles rojos frescos, para adornar

1 Con un cuchillo afilado, cortar el cordero a tiras delgadas.

2 Calentar el aceite en una sartén china precalentada. Agregar las tiras de cordero, el ajo y el puerro y saltear por espacio de 2-3 minutos.

3 Mezclar la Maizena (harina de maíz), la salsa de soja, el vino de arroz chino o jerez seco, el agua y la salsa de chile en un recipiente y apartar.

4 Agregar las setas a la sartén china y saltear durante 1 minuto.

5 Añadir la salsa y calentar durante 2-3 minutos o hasta que el cordero esté bien hecho y tierno. Añadir el aceite de sésamo encima y pasar a una fuente caliente. Adornar con chiles rojos y servir inmediatamente.

SUGERENCIA

Puede utilizar setas chinas rehidratadas que se venden en las tiendas especializadas o en los supermercados chinos, para lograr un sabor auténtico.

VARIACIÓN

Puede reemplazar el cordero por filete de ternera o cerdo (lomo) en esta receta clásica de Pekín. También puede utilizar 2-3 cebolletas (escalonias) o 1 cebolla pequeña en lugar del puerro, si lo prefiere.

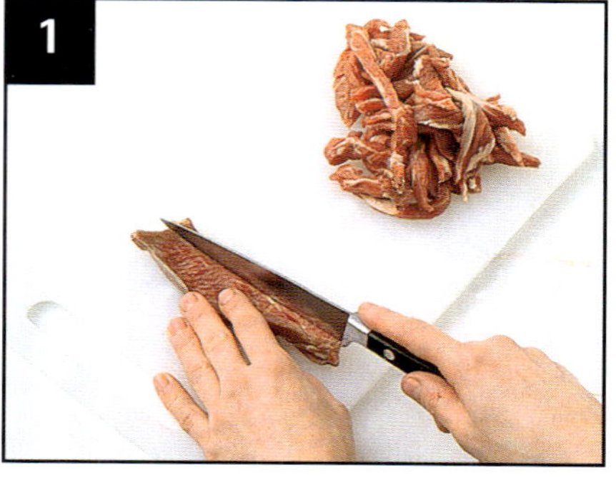
1

4

5

Cordero en Salsa de Ajo

Este plato contiene pimienta Sichuan que es muy picante pero puede reemplazarla por pimienta negra, si lo prefiere.

Para 4 personas

INGREDIENTES

450 g de filete o lomo de cordero
2 cucharadas de salsa de soja oscura
2 cucharaditas de aceite de sésamo
2 cucharadas de vino de arroz chino o jerez seco
1/2 cucharadita de pimienta Sichuan
4 cucharadas de aceite vegetal
4 dientes de ajo, machacados
60 g de castañas de agua, a cuartos
1 pimiento verde, sin pepitas y troceado
1 cucharada de vinagre de vino
1 cucharada de aceite de sésamo
arroz o fideos, para servir

1 Cortar el cordero a trozos de 2,5 cm y colocarlos en un plato poco profundo.

2 Mezclar 1 cucharada de salsa de soja, el aceite de sésamo, el vino de arroz chino o jerez y la pimienta Sichuan. Verter la mezcla sobre el cordero, removiendo para cubrirlo bien y dejar macerando por espacio de 30 minutos.

3 Calentar el aceite vegetal en una sartén china precalentada. Sacar el cordero de la maceración y agregar a la sartén china, junto con el ajo. Saltear durante 2-3 minutos.

4 Agregar las castañas de agua y el pimiento a la sartén china y saltear durante 1 minuto.

5 Agregar la salsa de soja restante y el vinagre de vino, mezclando muy bien.

6 Agregar el aceite de sésamo y remover constantemente, durante 1-2 minutos, o hasta que el cordero esté bien hecho.

7 Pasar el cordero a una fuente caliente y servir inmediatamente con arroz o fideos.

SUGERENCIA

El aceite de sésamo se utiliza para dar sabor más que para freír, ya que se quema muy rápido, por esta razón se añade al final.

VARIACIÓN

Los cebollinos, también conocidos como cebollinos de ajo, son muy apropiados para adornar este plato.

2

3

4

Cordero Picante

Este plato es muy picante, con 2 chiles en la salsa. Puede reducir el número de chiles a la mitad o quitarles las pepitas para que no resulte tan picante, si lo prefiere.

Para 4 personas

INGREDIENTES

450 g de cordero sin hueso y sin grasa
2 cucharadas de salsa hoisin
1 cucharada de salsa de soja oscura
1 diente de ajo, machacado
2 cucharaditas de raíz de jengibre fresca rallada
2 cucharadas de aceite vegetal
2 cebollas, troceadas
1 bulbo de hinojo, troceado
4 cucharadas de agua

SALSA:
1 chile rojo fresco grande, cortado a tiras delgadas
1 chile verde fresco, cortado a tiras delgadas
2 cucharadas de vinagre de vino de arroz
2 cucharaditas de azúcar moreno
2 cucharadas de aceite de cacahuete
1 cucharadita de aceite de sésamo

1 Cortar el cordero a trozos de 2,5 cm y colocarlo en un plato poco profundo.

2 Mezclar la salsa hoisin, la salsa de soja, el ajo y el jengibre en un recipiente y echar sobre el cordero, removiendo para cubrirlo bien. Dejar el cordero macerándose en la nevera durante 20 minutos.

3 Calentar el aceite vegetal en una sartén china precalentada. Agregar el cordero y saltear durante 1-2 minutos.

4 Agregar las cebollas y el hinojo a la sartén china y freír durante otros 2 minutos o hasta que empiecen a dorarse.

5 Añadir el agua, tapar y calentar durante 2-3 minutos.

6 Para preparar la salsa, colocar los chiles, el vinagre de vino de arroz, el azúcar, el aceite de cacahuete y el aceite de sésamo en una cazuela y cocer a fuego lento durante 3-4 minutos, removiendo para combinar todos los ingredientes.

7 Pasar el cordero y las cebollas a una fuente caliente, verter la salsa encima, mezclando ligeramente, y servir inmediatamente.

VARIACIÓN

Puede utilizar carne de cerdo, vaca o pato en lugar del cordero y variar las verduras, utilizando puerros o apio en lugar de la cebolla y el hinojo.

Salteado de Cordero con Sésamo

Este plato es muy sencillo pero delicioso, los trozos de cordero se cuecen con azúcar y salsa de soja, se espolvorean con pepitas de sésamo y se sirven sobre un lecho de puerros y zanahoria.

Para 4 personas

INGREDIENTES

- 450 g de cordero sin grasa y sin hueso
- 2 cucharadas de aceite de cacahuete
- 2 puerros, troceados
- 1 zanahoria, cortada a tiras finas
- 2 dientes de ajo, machacados
- 85 ml de caldo de cordero o verduras
- 2 cucharaditas de azúcar moreno claro
- 1 cucharada de salsa de soja oscura
- $4^1/_2$ cucharaditas de pepitas de sésamo

1 Cortar el cordero a tiras delgadas. Calentar el aceite de cacahuete en una sartén china precalentada. Agregar el cordero y saltear durante 2-3 minutos. Sacar el cordero de la sartén china con una espumadera y apartar.

2 Agregar el puerro, la zanahoria y el ajo a la sartén china y saltear todo en el aceite restante durante 1-2 minutos. Sacar de la sartén china con una espumadera y apartar. Escurrir el aceite restante de la sartén china.

3 Colocar el caldo de cordero o verduras, el azúcar y la salsa de soja en la sartén china y agregar el cordero. Remover constantemente y cocer el cordero durante 2-3 minutos. Añadir las pepitas de sésamo encima, removiendo el cordero para cubrirlo bien.

4 Poner la mezcla del puerro en una fuente caliente y colocar encima el cordero. Servir inmediatamente.

VARIACIÓN

Esta receta es igualmente deliciosa si se prepara con tiras de pechuga de pollo o pavo sin piel o con gambas. El tiempo de cocción es el mismo.

SUGERENCIA

Tenga cuidado de no quemar el azúcar en la sartén china cuando esté calentando y rebozando la carne, de lo contrario el sabor del plato se estropeará.

1

2

3

Verduras

Las verduras juegan un papel muy importante en la dieta china y se utilizan abundantemente en todas las comidas. Puede disfrutar de una comida completa con la selección de las recetas contenidas en este capítulo, sin incluir carne o pescado.

A los chinos les gusta comer las verduras crujientes por lo que el tiempo de cocción en este capítulo refleja este factor para poder preservar los sabores y texturas de los ingredientes utilizados, así como para conservar las vitaminas y el brillo de los colores. Este capítulo incluye platos principales y también una variedad de guarniciones, y todos aprovechan al máximo el potencial de las verduras.

Cuando los chinos seleccionan las verduras que van a preparar, le dan gran importancia a la frescura de los ingredientes que utilizan. Compre siempre verduras muy frescas y cuézalas tan pronto como sea posible. Otro punto importante que debe recordar es lavar las verduras justo antes de cortarlas, para evitar que pierdan sus vitaminas en el agua, y prepararlas tan pronto como las corte, para que no pierdan el contenido vitamínico mediante la evaporación.

Berenjenas Picantes

Trate de obtener berenjenas chinas pequeñas para este plato, ya que tienen un sabor ligeramente más dulce, aunque la receta resulta igual de deliciosa con las berenjenas grandes.

Para 4 personas

INGREDIENTES

450 g de berenjenas, enjuagadas
2 cucharaditas de sal
3 cucharadas de aceite vegetal
2 dientes de ajo, machacados
1 trozo de 2,5 cm de raíz de jengibre fresca, picada
1 cebolla, por la mitad y troceada
1 chile rojo fresco, troceado
2 cucharadas de salsa de soja oscura
1 cucharada de salsa hoisin
1/2 cucharadita de salsa de chile
1 cucharada de azúcar moreno oscuro
1 cucharada de vinagre de vino
1 cucharada de pimienta Sichuan molida
300 ml de caldo de verduras

1 Cortar las berenjenas en dados si utiliza la variedad grande, o cortarlas por la mitad si utiliza las de tamaño pequeño. Colocar las berenjenas en un colador y salarlas. Dejarlas reposar durante 30 minutos. Enjuagar las berenjenas bajo el chorro de agua fría y secarlas con papel de cocina (toallas de papel).

2 Calentar el aceite en una sartén china precalentada y agregar el ajo, el jengibre, la cebolla y el chile fresco. Saltear durante 30 segundos y agregar las berenjenas. Continuar cocinando durante 1-2 minutos.

3 Agregar la salsa de soja, la salsa hoisin, la salsa de chile, el azúcar, el vinagre de vino, la pimienta Sichuan y el caldo de verduras a la sartén china, bajar el fuego y dejar cocer a fuego lento por espacio de 10 minutos, o hasta que las berenjenas estén hechas. Aumentar el fuego y llevar a ebullición para reducir la salsa hasta que se espese lo suficiente para cubrir las berenjenas. Servir inmediatamente.

SUGERENCIA

Salar las berenjenas y dejarlas reposar para sacarle el jugo más amargo que, de otra manera, afectaría al sabor del plato.

Tofu Frito (queso de soja) y Verduras

El tofu (queso de soja) puede conseguirse en los supermercados chinos y occidentales. Se encuentra en diferentes formas, en esta receta se utiliza el tipo tarta.

Para 4 personas

INGREDIENTES

450 g de tofu (queso de soja)
150 ml de aceite vegetal
1 puerro, troceado
4 mazorcas de maíz miniatura, cortadas por la mitad a lo largo
60 g de guisantes (tirabeques)
1 pimiento rojo, sin pepitas y en dados
60 g de tallos de bambú en lata, escurridos y enjuagados
arroz o fideos, para servir

SALSA:
1 cucharada de vino de arroz chino o jerez seco
4 cucharadas de salsa de ostras
3 cucharaditas de salsa de soja clara
2 cucharaditas de azúcar extra fino
una pizca de sal
50 ml de caldo de verduras
1 cucharadita de Maizena (harina de maíz)
2 cucharaditas de agua

1 Enjuagar el tofu (queso de soja) en agua fría y secarlo con papel de cocina (toallas de papel). Cortar el tofu (queso de soja) en dados de 2,5 cm.

2 Calentar el aceite en una sartén china precalentada hasta que esté a punto de humear. Reducir el fuego, agregar el tofu (queso de soja) y freír hasta que esté dorado. Retirar de la sartén china con una espumadera y escurrir sobre papel de cocina absorbente (toallas de papel).

3 Retirar casi todo el aceite de la sartén china dejando sólo dos cucharadas y devolver al fuego. Agregar el puerro, las mazorcas de maíz, los tirabeques, el pimiento y los tallos de bambú y saltear durante 2-3 minutos.

4 Agregar el vino de arroz chino o el jerez, la salsa de ostras, la salsa de soja, el azúcar, la sal y el caldo de verduras a la sartén china y dejarlo hervir. Mezclar la Maizena (harina de maíz) con el agua para formar una pasta suave y añadir a la salsa. Hervir la salsa y removerla constantemente hasta que se espese y aclare.

5 Añadir el tofu (queso de soja) a la mezcla de la sartén china y cocer durante 1 minuto, hasta que se caliente. Servir con arroz o fideos.

SUGERENCIA

Utilizar tofu adobado o ahumado para darle más sabor.

1

3

5

Cacerola de Tofu (queso de soja)

El tofu (queso de soja) es el ingrediente perfecto para absorber todos los demás sabores de este plato. Si utiliza tofu (queso de soja) en adobo, añadirá su propio sabor.

Para 4 personas

INGREDIENTES

450 g de tofu (queso de soja)
2 cucharadas de aceite de cacahuete
8 cebolletas (escalonias), cortadas en tiras gruesas
2 ramas de apio, troceadas
125 g de ramitas de brécol
125 g de calabacines, troceados
2 dientes de ajo, finamente troceados
450 g de espinacas de hoja pequeña
arroz, para servir

SALSA:
425 ml de caldo de verduras
2 cucharadas de salsa de soja clara
3 cucharadas de salsa hoisin
1/2 cucharadita de chile en polvo
1 cucharada de aceite de sésamo

1 Cortar el tofu (queso de soja) en dados de 2,5 cm y apartar.

2 Calentar el aceite en una sartén china precalentada. Agregar las cebolletas (escalonias), el apio, el brécol, los calabacines, el ajo, las espinacas y el tofu (queso de soja) y saltear durante 3-4 minutos.

3 Para preparar la salsa, mezclar el caldo de verduras, la salsa de soja, la salsa hoisin, el chile en polvo y el aceite de sésamo en una cazuela refractaria y poner a hervir. Agregar las verduras y el tofu (queso de soja), bajar el fuego, tapar y cocer a fuego lento durante 10 minutos. Pasar a una fuente caliente y servir con arroz.

VARIACIÓN

Agregar 75 g de setas con las verduras en el paso 2.

SUGERENCIA

Esta receta es predominantemente verde, pero puede cambiar su color y sabor agregando sus verduras favoritas.

2

3

3

Brotes de Soja y Verduras Maceradas

Este plato se sirve frío como ensalada o entrada y es muy fácil de preparar. Es una especie de chop suey *frío.*

Para 4 personas

INGREDIENTES

450 g de brotes de soja
2 chiles rojos frescos, sin pepitas y finamente picados
1 pimiento rojo, sin pepitas y finamente troceado
1 pimiento verde, sin pepitas y finamente troceado
60 g de castañas de agua, partidas a cuartos
1 rama de apio, troceada
3 cucharadas de vinagre de vino de arroz
2 cucharadas de salsa de soja clara
2 cucharadas de cebollinos picados
1 diente de ajo, machacado
una pizca de curry chino en polvo

1 Colocar los brotes de soja, el chile, los pimientos, las castañas de agua y el apio en un recipiente grande y mezclar bien.

2 Mezclar el vinagre de vino de arroz, la salsa de soja, los cebollinos, el ajo y el curry chino en polvo y añadir a las verduras preparadas. Remover para mezclar muy bien.

3 Tapar la ensalada y dejarla enfriar al menos por espacio de 3 horas. Escurrir las verduras muy bien, pasarlas a una fuente y servir.

SUGERENCIA

Hay cientos de variedades de chiles y no siempre es posible saber lo picantes que son. Como regla general, los chiles verdes oscuros son más picantes que los chiles verdes claros o los chiles rojos. Los chiles delgados y puntiagudos normalmente son más picantes que los chiles gruesos. Sin embargo, siempre hay excepciones e incluso los chiles de la misma planta pueden variar considerablemente en su grado de picor. El picor de los chiles se mide en unidades Scoville.

SUGERENCIA

Este plato es delicioso con carne asada estilo chino o servida con la salsa de maceración y fideos.

1

2

3

Hojas Chinas (Col) Fritas con Miel

Esta verdura es muy similar a la lechuga ya que sus hojas son delicadas y tienen un sabor dulce.

Para 4 personas

INGREDIENTES

450 g de hojas chinas (col)
1 cucharada de aceite de cacahuete
1 trozo de 1 cm de raíz de jengibre fresca, rallada
2 dientes de ajo, machacados
1 chile rojo fresco, troceado
1 cucharada de vino de arroz chino o jerez seco
4 1/2 cucharaditas de salsa de soja clara
1 cucharada de miel clara
125 ml de zumo naranja
1 cucharada de aceite de sésamo
2 cucharaditas de pepitas de sésamo
piel de naranja en tiras muy finas, para adornar

1 Separar las hojas chinas (col) y rebanarlas finamente con un cuchillo afilado.

2 Calentar el aceite de cacahuete en una sartén china precalentada. Agregar el jengibre, el ajo y el chile a la sartén china y saltear la mezcla por espacio de 30 segundos.

3 Agregar las hojas chinas (col), el vino de arroz chino o el jerez, la salsa de soja, la miel y el zumo de naranja a la sartén china. Bajar el fuego y cocer a fuego lento durante 5 minutos.

4 Agregar el aceite de sésamo, echar las pepitas de sésamo encima y mezclar. Pasar a una fuente caliente, adornar con la piel de naranja en tiras muy finas y servir inmediatamente.

SUGERENCIA

La miel de una sola flor da un mejor sabor que la miel de varias flores mezcladas. La miel de la acacia es típicamente china, pero también puede utilizar la de flor de trébol, flor del limón, de la lima o del naranjo.

VARIACIÓN

Puede utilizar la col Savoy, en lugar de las hojas chinas (col), si no las encuentra. El sabor será ligeramente diferente y de color más oscuro, pero seguirá siendo delicioso.

1

3

4

Salteado Verde

El ingrediente básico de esta receta es el pak choi, a veces conocido como bok choy o verduras verdes chinas. Si no lo puede conseguir, utilice acelgas o col Savoy.

Para 4 personas

INGREDIENTES

- 2 cucharadas de aceite de cacahuete
- 2 dientes de ajo, machacados
- 1/2 cucharadita de anís estrella molido
- 1 cucharadita de sal
- 350 g de pak choi, a tiras
- 225 g de espinacas de hoja pequeña
- 25 g de guisantes (tirabeques)
- 1 rama de apio, troceada
- 1 pimiento verde, sin pepitas y troceado
- 50 ml de caldo de verduras
- 1 cucharadita de aceite de sésamo

1 Calentar el aceite de cacahuete en una sartén china precalentada.

2 Agregar el ajo machacado a la sartén china y saltear por espacio de 30 segundos. Añadir el anís estrella, la sal, el pak choi, las espinacas, los tirabeques, el ajo y el pimiento verde y saltear durante 3-4 minutos.

3 Agregar el caldo, tapar y cocinar durante 3-4 minutos.

4 Destapar la sartén china y añadir el aceite de sésamo. Mezclar muy bien.

5 Pasar a una fuente caliente y servir.

SUGERENCIA

El anís estrella es un ingrediente importante de la cocina china. Estas vainas de anís, en forma de estrella, se utilizan frecuentemente enteras para añadir un toque decorativo a los platos. Su sabor es similar al regalíz, pero un poco picante y es bastante fuerte. El anís estrella, junto con la canela china, clavo, hinojo y pimienta Sichuan, se utiliza para preparar el polvo de cinco especias chinas.

SUGERENCIA

Este plato puede servirse como parte de una comida vegetariana o alternativamente, con carne asada.

2

3

4

Col y Almendras Fritas Crujientes

Este plato también se conoce como algas crujientes. En realidad no contiene algas pero contiene hojas verdes (variedad de col rizada) o pak choi fritas y espolvoreadas con sal y canela.

Para 4 personas

INGREDIENTES

1,2 kg de pak choi u hojas verdes (variedad de col rizada)
700 ml de aceite vegetal
75 g de almendras blanqueadas
1 cucharadita de sal
1 cucharada de azúcar moreno claro
una pizca de canela molida

1 Separar las hojas de pak choi o las hojas verdes (variedad de col rizada) y enjuagarlas muy bien. Secarlas con papel de cocina (toallas de papel).

2 Rebanar las hojas verdes a tiras delgadas con un cuchillo afilado.

3 Calentar el aceite vegetal en una sartén china precalentada hasta que esté a punto de humear.

4 Bajar el fuego y agregar las hojas verdes. Freír durante 2-3 minutos, o hasta que las hojas empiecen a flotar en el aceite y estén crujientes.

5 Sacar las hojas del aceite con una espumadera y escurrirlas muy bien sobre papel de cocina (toallas de papel).

6 Agregar las almendras al aceite de la sartén china y freír durante 30 segundos. Sacar las almendras del aceite con una espumadera.

7 Mezclar la sal, el azúcar y la canela y espolvorear sobre las hojas. Mezclar las almendras con las hojas. Pasar a una fuente caliente y servir inmediatamente.

SUGERENCIA

Asegúrese de que las hojas verdes estén totalmente secas antes de freírlas, de lo contrario chisporroteará el aceite. Las hojas no adquirirán una textura crujiente si se fríen mojadas.

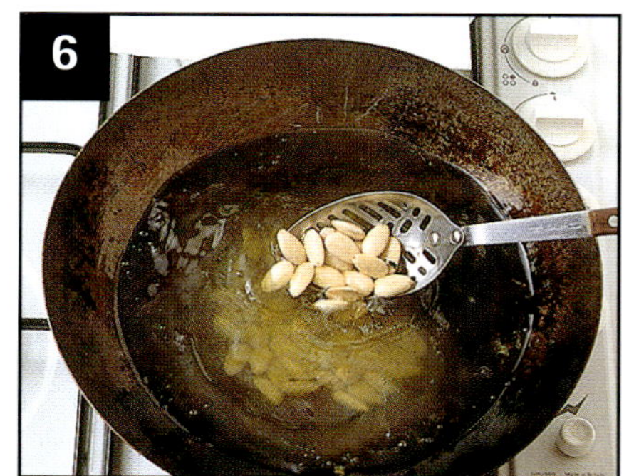

Verduras Verdes con Nata

Este plato es fácil de preparar. Las hojas chinas (col) combinan con el puerro a la perfección. Se añade un poco de nata a la salsa, pero esto puede omitirse si lo prefiere.

Para 4 personas

INGREDIENTES

450 g de hojas chinas (col), troceadas
2 cucharadas de aceite de cacahuete
2 puerros, troceados
4 dientes de ajo, machacados
300 ml de caldo de verduras
1 cucharada de salsa de soja clara
2 cucharaditas de Maizena (harina de maíz)
4 cucharaditas de agua
2 cucharadas de nata líquida o yogur natural (sin azúcar)
1 cucharada de cilantro picado

1 Escaldar las hojas chinas (col) en agua hirviendo durante 30 segundos. Escurrirlas, meterlas en agua fría o enjuagarlas bajo el chorro de agua fría, después escurrirlas muy bien nuevamente.

2 Calentar el aceite en una sartén china precalentada y agregar las hojas chinas (col), los puerros y el ajo. Sofreír durante 2-3 minutos.

3 Agregar el caldo de verduras y la salsa de soja a la sartén china, bajar el fuego, tapar y cocer a fuego lento durante 10 minutos, o hasta que las verduras estén tiernas.

4 Sacar las verduras de la sartén china con una espumadera y apartar. Hervir el caldo hasta que se reduzca a la mitad.

5 Mezclar la Maizena (harina de maíz) con el agua y agregar la mezcla al caldo. Llevar a ebullición, removiendo constantemente, hasta que se espese y aclare.

6 Bajar el fuego y añadir las verduras y nata o yogur. Cocer a fuego lento durante 1 minuto.

7 Pasar a una fuente, añadir encima el cilantro picado y servir.

SUGERENCIA

No hierva la salsa después de agregar la nata o yogur porque la mezcla se cortará.

1

3

6

Pepinos Salteados con Chile

Los pepinos picantes son simplemente deliciosos, especialmente cuando se combina lo picante del chile con el sabor del jengibre.

Para 4 personas

INGREDIENTES

2 pepinos medianos
2 cucharaditas de sal
1 cucharada de aceite vegetal
2 dientes de ajo, machacados
1 trozo de 1 cm de raíz de jengibre fresca, rallada
2 cebolletas (escalonias), picadas
2 chiles rojos frescos, picados
1 cucharadita de salsa de judías amarillas
1 cucharada de miel clara
125 ml de agua
1 cucharadita de aceite de sésamo

1 Pelar los pepinos y cortarlos por la mitad a lo largo. Sacar las pepitas del centro con una cuchara pequeña y tirarlas.

2 Cortar el pepino a tiras y colocarlas en un plato. Echar sal sobre las tiras de pepino y reservar por espacio de 20 minutos. Enjuagarlas muy bien bajo el chorro de agua fría y secarlas con un papel de cocina absorbente (toallas de papel).

3 Calentar el aceite en una sartén china precalentada hasta que esté a punto de humear. Bajar el fuego ligeramente y agregar el ajo, el jengibre, el chile y las cebolletas (escalonias) y saltear durante 30 segundos.

4 Agregar los pepinos a la sartén china, junto con la salsa de judías amarillas y la miel. Saltear otros 30 segundos.

5 Agregar el agua y cocer a fuego vivo hasta que la mayor parte del agua se haya evaporado.

6 Añadir el aceite de sésamo sobre los pepinos salteados con el chile. Pasar a una fuente caliente y servir inmediatamente.

SUGERENCIA

El pepino se rocía con sal y se deja reposar para eliminar el exceso de agua y evitar que el plato salga pastoso.

1

2

4

Setas Picantes

En esta receta se utiliza una mezcla de setas, común en la comida occidental, para darle un rico sabor a este plato. Si puede conseguir hongos chinos secos, agregue una pequeña cantidad para darle textura.

Para 4 personas

INGREDIENTES

2 cucharadas de aceite de cacahuete
2 dientes de ajo, machacados
3 cebolletas (escalonias), picadas
300 g de champiñones pequeños
2 setas grandes de sombrerete abierto, troceadas
125 g de setas ostra
1 cucharadita de salsa de chile
1 cucharada de salsa de soja oscura
1 cucharada de salsa hoisin
1 cucharada de vinagre de vino
1/2 cucharadita de pimienta de Sichuan molida
1 cucharada de azúcar moreno oscuro
1 cucharadita de aceite de sésamo
perejil picado, para adornar

1 Calentar el aceite en una sartén china precalentada hasta que esté a punto de humear. Bajar el fuego ligeramente, agregar el ajo y las cebolletas (escalonias) y saltear durante 30 segundos.

2 Agregar las setas, la salsa de chile, la salsa de soja, la salsa hoisin, el vinagre, la pimienta y el azúcar y saltear durante 4-5 minutos o hasta que las setas estén bien hechas.

3 Añadir el aceite de sésamo. Colocar en una fuente, adornar con el perejil y servir inmediatamente.

SUGERENCIA

Los hongos chinos se utilizan más por su textura poco usual que por su sabor. Los hongos orejones de madera (árbol) se utilizan muy comúnmente y pueden conseguirse secos en las tiendas de productos chinos. Se deben enjuagar, remojar en agua tibia por espacio de 20 minutos y enjuagar nuevamente antes de utilizarlos. Los hongos de paja, cuyo nombre se debe a que crecen entre la paja, se pueden conseguir frescos o en lata en las tiendas de productos chinos y en algunos supermercados. Tienen una textura escurridiza.

SUGERENCIA

Este plato es ideal con carne de sabor fuerte o platos de pescado.

1

2

3

Espinacas al Ajo

Ésta es seguramente una de las recetas más sencillas, y aun así es deliciosa. Las espinacas se fríen rápidamente con el ajo y la hierba de limón y se mezclan con un poco de salsa de soja y azúcar.

Para 4 personas

INGREDIENTES

900 g de espinacas frescas
2 cucharadas de aceite de cacahuete
2 dientes de ajo, machacados
1 cucharada de hierba de limón picada
una pizca de sal
1 cucharada de salsa de soja oscura
2 cucharadas de azúcar moreno

1 Cortar cuidadosamente los tallos de las espinacas. Enjuagar las hojas de las espinacas y escurrirlas muy bien, con papel de cocina absorbente (toallas de papel).

2 Calentar el aceite en una sartén china precalentada hasta que esté a punto de humear.

3 Bajar el fuego ligeramente, agregar el ajo y la hierba de limón y saltear durante 30 segundos.

4 Agregar las espinacas y la sal a la sartén china y saltear durante 2-3 minutos o hasta que las espinacas se hayan encogido.

5 Añadir la salsa de soja y el azúcar moreno y cocinar durante otros 3-4 minutos. Pasar a una fuente caliente y servir inmediatamente.

SUGERENCIA

La hierba de limón se utiliza extensamente en la comida asiática. La hierba de limón seca se debe remojar durante 2 horas antes de utilizarse. Los tallos son duros y normalmente se utilizan enteros o se retiran del plato antes de servirlo. Las raíces pueden triturarse o picarse finamente.

SUGERENCIA

A ser posible, utilice espinacas de hojas pequeñas, ya que este tipo de espinacas tienen un mejor sabor y parecen más apetitosas. Si utiliza este tipo de espinacas, los tallos se pueden dejar intactos.

1

3

4

Verduras Fritas Chinas

Los chinos son bien conocidos por sus verduras fritas coloridas y crujientes. Esta receta demuestra lo sabrosas que son rehogadas en salsa de soja y salsa hoisin.

Para 4 personas

INGREDIENTES

2 cucharadas de aceite de cacahuete
350 g de ramitas de brécol
1 cucharada de raíz de jengibre fresca, picada
2 cebollas, cortadas en 8 trozos
3 ramas de apio, troceadas
175 g de espinacas de hoja pequeña
125 g de guisantes (tirabeques)
6 cebolletas (escalonias), partidas a cuartos
2 dientes de ajo, machacados
2 cucharadas de salsa de soja clara
2 cucharadas de azúcar extra fino
2 cucharadas de jerez seco
1 cucharada de salsa hoisin
150 ml de caldo de verduras

1 Calentar el aceite de cacahuete en una sartén china precalentada hasta que esté a punto de humear.

2 Agregar las ramitas de brécol, el jengibre, las cebollas y el apio y saltear durante 1 minuto.

3 Agregar las espinacas, los guisantes, las cebolletas (escalonias) y el ajo y saltear durante 3-4 minutos.

4 Mezclar la salsa de soja, el azúcar, el jerez, la salsa hoisin y el caldo y añadir a la sartén china, mezclando bien para cubrir las verduras. Tapar y cocer a fuego medio durante 2-3 minutos, o hasta que las verduras estén bien hechas, pero crujientes. Pasar a una fuente caliente y servir inmediatamente.

VARIACIÓN

Puede utilizar todo tipo de verduras en esta receta, dependiendo de su preferencia y la temporada.

SUGERENCIA

Puede utilizar esta mezcla para rellenar los crepes chinos. Los puede comprar en las tiendas de productos chinos y recalentar en una vaporera 2-3 minutos.

2

3

4

Chop Suey de Verduras

Asegúrese de cortar las verduras en trozos de tamaño similar en esta receta, para que se cuezan al mismo tiempo.

Para 4 personas

INGREDIENTES

1 pimiento amarillo, sin pepitas
1 pimiento rojo, sin pepitas
1 zanahoria
1 calabacín
1 bulbo de hinojo
1 cebolla
60 g de guisantes (tirabeques)
2 cucharadas de aceite de cacahuete
3 dientes de ajo, machacados
1 cucharada de raíz de jengibre fresca, rallada
125 g de brotes de soja
2 cucharadas de azúcar moreno claro
2 cucharadas de salsa de soja clara
125 ml de caldo de verduras

1 Cortar los pimientos, la zanahoria, el calabacín y el hinojo en lonchas delgadas. Cortar la cebolla en cuartos y después cortar cada cuarto por la mitad. Rebanar el tirabeque diagonalmente para crear una superficie lo más grande posible.

2 Calentar el aceite en una sartén china precalentada hasta que esté a punto de humear. Agregar el ajo y el jengibre y saltear durante 30 segundos. Agregar la cebolla y saltear otros 30 segundos.

3 Agregar los pimientos, la zanahoria, el calabacín, el hinojo y los tirabeques a la sartén china y saltear durante 2 minutos.

4 Agregar los brotes de soja a la sartén china y añadir el azúcar, la salsa de soja y el caldo. Bajar el fuego y cocer a fuego lento durante 1-2 minutos, hasta que las verduras estén tiernas y cubiertas con la salsa.

5 Colocar las verduras y la salsa en una fuente y servir inmediatamente.

SUGERENCIA

Puede utilizar cualquier combinación de verduras de diferentes colores que tenga a la mano para este plato versátil.

1

2

3

Salteado de Sésamo y Verduras

Las pepitas de sésamo añaden un delicioso sabor a cualquier receta y combinan particularmente bien con las verduras en esta salsa de soja y vino de arroz chino o jerez.

Para 4 personas

INGREDIENTES

2 cucharadas de aceite vegetal
3 dientes de ajo, machacados
1 cucharada de pepitas de sésamo, y algo más para adornar
2 ramas de apio, troceadas
2 mazorcas de maíz miniatura, troceadas
60 g de champiñon pequeño
1 puerro, troceado
1 calabacín, troceado
1 pimiento rojo pequeño, troceado
1 chile verde fresco, troceado
60 g de hojas chinas (col), troceadas
1/2 cucharada de curry chino en polvo
2 cucharadas de salsa de soja clara
1 cucharada de vino de arroz chino o jerez seco
1 cucharada de aceite de sésamo
1 cucharada de Maizena (harina de maíz)
4 cucharadas de agua

1 Calentar el aceite en una sartén china precalentada hasta que esté a punto de humear. Bajar el fuego ligeramente, agregar el ajo y las pepitas de sésamo y saltear durante 30 segundos.

2 Agregar el apio, las mazorcas de maíz, los champiñones, el puerro, el calabacín, el pimiento, el chile y las hojas chinas (col) y saltear durante 4-5 minutos, hasta que las verduras empiecen a ponerse tiernas.

3 Mezclar el curry chino en polvo, la salsa de soja, el vino de arroz chino o el jerez, el aceite de sésamo, la Maizena (harina de maíz) y el agua y añadir la mezcla a la sartén china. Cocer y remover constantemente, hasta que la salsa se espese y aclare. Freír durante 1 minuto, colocar en una fuente caliente, agregar las pepitas de sésamo encima y servir inmediatamente.

VARIACIÓN

Puede utilizar salsa de ostras en lugar de la salsa de soja, si lo prefiere.

SUGERENCIA

En esta receta, los ingredientes se fríen en aceite vegetal y no en aceite de cacahuete, ya que este último cubriría el maravilloso sabor de las pepitas de sésamo. Sin embargo, puede utilizar aceite de cacahuete si lo desea.

Salteado de Judías Verdes

Estas judías se cuecen sencillamente en una salsa condimentada y picante para ofrecer un plato sabroso y fácil de preparar.

Para 4 personas

INGREDIENTES

450 g de judías verdes delgadas
2 chiles rojos frescos
2 cucharadas de aceite de cacahuete
1/2 cucharadita de anís estrella molido
1 diente de ajo machacado
2 cucharadas de salsa de soja clara
2 cucharaditas de miel clara
1/2 cucharadita de aceite de sésamo

1 Con un cuchillo afilado, cortar las judías verdes por la mitad.

2 Rebanar los chiles frescos, quitarles las pepitas si desea un sabor menos picante.

3 Calentar el aceite en una sartén china precalentada hasta que esté a punto de humear.

4 Bajar el fuego ligeramente, agregar las judías verdes y saltear durante 1 minuto.

5 Agregar los chiles rojos troceados, el anís estrella y el ajo a la sartén china y saltear otros 30 segundos.

6 Mezclar la salsa de soja, la miel y el aceite de sésamo y añadir a la sartén china. Freír durante 2 minutos, removiendo las judías en la salsa para cubrirlas. Colocar las judías en una fuente caliente y servir inmediatamente.

VARIACIÓN

Esta receta es sorprendentemente deliciosa con coles de Bruselas en lugar de las judías verdes. Limpie las coles y después rebánelas finamente. Sofría las coles en aceite caliente durante 2 minutos y después continúe con la receta a partir del paso 4.

SUGERENCIA

Este plato es un acompañante perfecto para el pescado o carne poco hecha con un sabor suave.

4

5

6

Rollos de Verduras

En esta receta el relleno de verduras mixtas se envuelve en hojas chinas (col) y se cuece al vapor hasta que está tierno. Servir con salsa de chile o salsa de soja para hacerlo más suculento.

Para 4 personas

INGREDIENTES

8 hojas chinas grandes (hojas de col china)

RELLENO:
- 2 mazorcas de maíz miniatura, troceadas
- 1 zanahoria, finamente picada
- 1 rama de apio, picada
- 4 cebolletas (escalonias), picadas
- 4 castañas de agua, picadas
- 2 cucharadas de anacardos sin sal, picados
- 1 diente de ajo, picado
- 1 cucharadita de raíz de jengibre fresca, rallada
- 25 g de tallos de bambú en lata, escurridos, enjuagados y picados
- 1 cucharadita de aceite de sésamo
- 2 cucharaditas de salsa de soja

1 Colocar las hojas chinas (hojas de col) en un recipiente grande y añadir agua hirviendo para ablandarlas. Dejarlas durante 1 minuto y escurrirlas muy bien.

2 Mezclar las mazorcas de maíz, la zanahoria, el apio, las cebolletas (escalonias), las castañas de agua, los anacardos, el ajo, el jengibre y los tallos de bambú en un recipiente.

3 Mezclar el aceite de sésamo y la salsa de soja y agregar las verduras, mezclando muy bien.

4 Extender las hojas chinas (hojas de col) sobre una superficie plana y añadir una cantidad igual de la mezcla del relleno en cada hoja.

5 Enrollar las hojas, doblando los lados hacia dentro para formar envoltorios. Fijarlos con palillos.

6 Colocar los rollos rellenos en un plato pequeño resistente al calor dentro de una vaporera, tapar y cocinar durante 15-20 minutos, hasta que los rollos se hayan hecho. Servir con una salsa de su elección.

SUGERENCIA

Prepare los rollitos con anticipación, tápelos y guárdelos en la nevera hasta que los necesite, después cocínelos al vapor de acuerdo con la receta.

1

4

5

Verduras Ocho Joyas

Esta receta, como su título indica, es una colorida mezcla de ocho verduras, en una salsa de judías negras y salsa de soja.

Para 4 personas

INGREDIENTES

2 cucharadas de aceite de cacahuete
6 cebolletas (escalonias), troceadas
3 dientes de ajo, machacados
1 pimiento verde, sin pepitas y en dados
1 pimiento rojo, sin pepitas y en dados
1 chile rojo fresco, troceado
2 cucharadas de castañas de agua picadas
1 calabacín, picado
125 g de setas ostra
3 cucharadas de salsa de judías negras
2 cucharaditas de vino de arroz chino o jerez seco
4 cucharadas de salsa de soja oscura
1 cucharada de azúcar moreno oscuro
2 cucharadas de agua
1 cucharadita de aceite de sésamo

1 Calentar el aceite de cacahuete en una sartén china precalentada hasta que esté a punto de humear.

2 Bajar el fuego ligeramente, agregar las cebolletas (escalonias) y el ajo y saltear durante 30 segundos.

3 Agregar los pimientos, el chile, las castañas de agua y el calabacín a la sartén china y saltear durante 2-3 minutos, o hasta que las verduras empiecen a ablandarse.

4 Agregar las setas, la salsa de judías negras, el vino de arroz chino o el jerez, la salsa de soja, el azúcar y el agua a la sartén china y saltear otros 4 minutos.

5 Rociar con aceite de sésamo y servir inmediatamente.

VARIACIÓN

Agregar 225 g de tofu (queso de soja) macerado a esta receta para preparar un plato principal para 4 personas.

SUGERENCIA

Las ocho joyas o tesoros forman parte tradicional de las celebraciones del Año Nuevo chino, que empieza la última semana del año viejo. El Dios de la Cocina, una figura importante, es enviado al cielo para dar un informe, y regresa el día de la Nochebuena a tiempo para la celebración.

Triángulos Vegetarianos Picantes Fritos

El tofu (queso de soja) en adobo es ideal en esta receta para dar más sabor, aunque la capa picante también es suculenta con el tofu natural.

Para 4 personas

INGREDIENTES

- 1 cucharada de sal marina
- $4^1/_2$ cucharaditas de polvo de cinco especias chinas
- 3 cucharadas de azúcar moreno claro
- 2 dientes de ajo, machacados
- 1 cucharadita de raíz de jengibre fresca, rallada
- 2 tartas de tofu (queso de soja) de 225 g
- abundante aceite vegetal, para freír
- 2 puerros, troceados y por la mitad
- puerro troceado, para adornar

1 Mezclar la sal, el polvo de cinco especias chinas, el azúcar, el ajo y el jengibre en un recipiente y pasar a un plato.

2 Cortar las tartas de tofu (queso de soja) por la mitad diagonalmente para formar dos triángulos. Cortar cada triángulo por la mitad y después por la mitad otra vez para formar 16 triángulos.

3 Colocar los triángulos de tofu (queso de soja) en la mezcla de especias, moviéndolos para cubrirlos bien. Dejar reposar durante 1 hora.

4 Calentar abundante aceite para freír en una sartén china hasta que esté a punto de humear. Bajar el fuego ligeramente, agregar los triángulos de tofu (queso de soja) y freír durante 5 minutos, hasta que se doren. Sacar de la sartén china con una espumadera, apartar y mantener calientes.

5 Agregar los puerros a la sartén china y saltearlos durante 1 minuto. Sacarlos de la sartén china con una espumadera y escurrirlos sobre papel de cocina absorbente (toallas de papel).

6 Colocar los puerros en una fuente caliente y añadir el tofu frito (queso de soja). Adornar con puerro fresco troceado y servir inmediatamente.

SUGERENCIA

Freír el tofu (queso de soja) en tandas y conservar cada tanda caliente hasta que haya frito todo el tofu (queso de soja) y esté listo para servir.

2

3

4

Cacerola de Verduras China

Esta cacerola de verduras mixtas es muy versátil y deliciosa con cualquier combinación de verduras de su elección.

Para 4 personas

INGREDIENTES

4 cucharadas de aceite vegetal
2 zanahorias medianas, troceadas
1 calabacín, troceado
4 mazorcas de maíz miniatura, partidas por la mitad a lo largo
125 g de ramitas de coliflor
1 puerro, troceado
125 g de castañas de agua, por la mitad
225 g de tofu (queso de soja), en dados
300 ml de caldo de verduras
1 cucharadita de sal
2 cucharaditas de azúcar moreno oscuro
2 cucharaditas de salsa de soja oscura
2 cucharadas de jerez seco
1 cucharada de Maizena (harina de maíz)
2 cucharadas de agua
1 cucharada de cilantro picado, para adornar

1 Calentar el aceite vegetal en una sartén china precalentada hasta que esté a punto de humear.

2 Bajar el fuego ligeramente, agregar las zanahorias, el calabacín, las mazorcas de maíz, la coliflor y el puerro a la sartén china y saltear durante 2-3 minutos.

3 Añadir las castañas de agua, el tofu (queso de soja), el caldo, la sal, el azúcar, la salsa de soja y el jerez y dejar hervir. Reducir el fuego, tapar y cocer a fuego lento durante 20 minutos.

4 Mezclar la Maizena (harina de maíz) con el agua para formar una pasta suave.

5 Destapar la sartén china y añadir la mezcla de la Maizena (harina de maíz). Hervir y remover constantemente hasta que se espese y aclare.

6 Pasar a una fuente caliente, añadir cilantro picado y servir inmediatamente.

SUGERENCIA

Si todavía queda mucho líquido, deje que hierva rápidamente durante 1 minuto antes de añadir la Maizena (harina de maíz) para que se consuma.

2

3

5

Tallos de Bambú, Jengibre y Pimientos

Este plato tiene un fuerte sabor a jengibre, que es parte integral de la comida china. Los pimientos mixtos le dan un toque de color a los tallos de bambú, que son muy pálidos.

Para 4 personas

INGREDIENTES

2 cucharadas de aceite de cacahuete
225 g de tallos de bambú en lata, escurridos y enjuagados
1 trozo de 2,5 cm de raíz de jengibre fresca, finamente picada
1 pimiento rojo, sin pepitas y finamente troceado
1 pimiento verde pequeño, sin pepitas y finamente troceado
1 pimiento amarillo, sin pepitas y finamente troceado
1 puerro, troceado
125 ml de caldo de verduras
1 cucharada de salsa de soja clara
2 cucharaditas de azúcar moreno claro
2 cucharaditas de vino de arroz chino o jerez seco
1 cucharadita de Maizena (harina de maíz)
2 cucharaditas de agua
1 cucharadita de aceite de sésamo

1 Calentar el aceite de cacahuete en una sartén china precalentada.

2 Agregar los tallos de bambú, el jengibre, los pimientos y el puerro a la sartén china y saltear durante 2-3 minutos.

3 Añadir el caldo, la salsa de soja, el azúcar y el vino de arroz chino o el jerez y hervir, removiendo. Reducir el fuego y cocer a fuego lento durante 4-5 minutos, o hasta que las verduras empiecen a ablandarse.

4 Mezclar la Maizena (harina de maíz) con el agua hasta formar una pasta suave.

5 Añadir la pasta de Maizena (harina de maíz) a la sartén china. Dejarla hervir y remover constantemente, hasta que la salsa se espese y aclare.

6 Rociar las verduras con aceite de sésamo y cocer durante 1 minuto. Colocar en una fuente caliente y servir inmediatamente.

SUGERENCIA

Agregar un chile rojo fresco picado o unas cuantas gotas de salsa de chile para obtener un plato más picante.

Tallos de Bambú con Espinacas

En esta receta, las espinacas se satean con las especias y después se cuecen en salsa de soja con los tallos de bambú para ofrecer un plato delicioso y substancioso.

Para 4 personas

INGREDIENTES

3 cucharadas de aceite de cacahuete
225 g de espinacas, picadas
175 g de tallos de bambú en lata, escurridos y enjuagados
1 diente de ajo, machacado
2 chiles rojos frescos, troceados
una pizca de canela en polvo
300 ml de caldo de verduras
una pizca de azúcar
una pizca de sal
1 cucharada de salsa de soja clara

1 Calentar el aceite de cacahuete en una sartén china precalentada.

2 Agregar las espinacas y los tallos de bambú a la sartén china y saltear durante 1 minuto.

3 Agregar el ajo, el chile y la canela a la mezcla de la sartén china y saltear otros 30 segundos.

4 Añadir el caldo de verduras, el azúcar, la sal y la salsa de soja, tapar y cocer a fuego medio durante 5 minutos o hasta que las verduras estén bien hechas y la salsa se haya consumido. Colocar los tallos de bambú y las espinacas en una fuente caliente y servir.

SUGERENCIA

Es muy difícil encontrar tallos de bambú frescos en Occidente y, de cualquier manera, su tiempo de preparación es muy largo. Los tallos de bambú en lata son una buena opción, ya que se utilizan para dar una textura crujiente más que por su sabor, que es bastante insípido.

SUGERENCIA

Si todavía queda demasiado líquido después de cocer durante 5 minutos en el paso 4, mezcle un poco de Maizena (harina de maíz) con el doble de la cantidad de agua fría y añada a la salsa.

Tofu Agridulce (Queso de Soja) con Verduras

La salsa agridulce fue una de las primeras salsas chinas que se introdujo en la dieta occidental y continúa siendo una de las más populares. Es ideal con carne, pescado o verduras, como en esta receta.

Para 4 personas

INGREDIENTES

2 ramas de apio
1 zanahoria
1 pimiento verde, sin pepitas
75 g de guisantes (tirabeques)
2 dientes de ajo, machacados
2 cucharadas de aceite vegetal
8 mazorcas de maíz miniatura
125 g de brotes de soja
450 g de tofu (queso de soja), en dados
arroz o fideos, para servir

SALSA:
2 cucharadas de azúcar moreno claro
2 cucharadas de vinagre de vino
225 ml de caldo de verduras
1 cucharadita de puré de tomate (en pasta)
1 cucharada de Maizena (harina de maíz)

1 Rebanar finamente el apio, cortar la zanahoria en tiras y el pimiento en dados y cortar los tirabeques diagonalmente por la mitad.

2 Calentar el aceite en una sartén china precalentada hasta que esté a punto de humear. Reducir el fuego ligeramente, agregar el ajo, el apio, la zanahoria, el pimiento, los tirabeques y las mazorcas de maíz y saltear durante 3-4 minutos.

3 Agregar los brotes de soja y el tofu (queso de soja) a la sartén china y freír durante 2 minutos, removiendo bien.

4 Combinar el azúcar moreno, el vinagre de vino, el caldo de verduras, el puré de tomate (en pasta) y la Maizena (harina de maíz) removiendo bien para mezclar. Añadir a la sartén china, hervir y remover constantemente, hasta que la salsa se espese y aclare. Continuar cociendo durante 1 minuto. Servir con arroz o fideos.

SUGERENCIA

Tenga cuidado de no deshacer el tofu (queso de soja) al remover los ingredientes.

2

3

4

Brécol al Jengibre

El jengibre y el brécol son una combinación perfecta de sabores y crean una guarnición excepcionalmente suculenta.

Para 4 personas

INGREDIENTES

2 cucharadas de aceite de cacahuete
1 diente de ajo, machacado
1 trozo de 5 cm de jengibre de raíz fresco, finamente picado
675 g de ramitas de brécol
1 puerro, troceado
75 g castañas de agua, por la mitad
$^{1}/_{2}$ cucharadita de azúcar extra fino
125 ml de caldo de verduras
1 cucharadita de salsa de soja oscura
1 cucharadita de Maizena (harina de maíz)
2 cucharaditas de agua

1 Calentar el aceite en una sartén china precalentada. Agregar el ajo y el jengibre y saltear durante 30 segundos. Agregar el brécol, el puerro y las castañas de agua y saltear otros 3-4 minutos.

2 Agregar el azúcar, el caldo y la salsa de soja, reducir el fuego y cocer a fuego lento durante 4-5 minutos o hasta que el brécol esté casi hecho.

3 Mezclar la Maizena (harina de maíz) con el agua para formar una pasta suave y echar a la sartén. Hervir y cocer removiendo constantemente durante 1 minuto. Colocar en una fuente y servir inmediatamente.

VARIACIÓN

Puede utilizar espinacas en lugar de brécol, si lo prefiere. Tire los bordes marrones y corte el resto en pedazos de 5 cm de largo, conservando los tallos separados de las hojas. Agregue los tallos con el puerro en el paso 1 y las hojas dos minutos después. Reduzca el tiempo de cocción del paso 2 a 3-4 minutos.

SUGERENCIA

Si prefiere que el sabor de jengibre sea ligeramente más suave, corte el jengibre a tiras más grandes, sofríalo como se indica y después sáquelo de la sartén china y deséchelo.

Patatas Fritas Chinas

Estas patatas son una variación del plato favorito occidental, condimentadas con salsa de soja y chile.

Para 4 personas

INGREDIENTES

650 g de patatas de tamaño mediano
8 cucharadas de aceite vegetal
1 chile rojo fresco, por la mitad
1 cebolla pequeña, a cuartos
2 dientes de ajo, por la mitad
2 cucharadas de salsa de soja
una pizca de sal
1 cucharadita de vinagre de vino
1 cucharada de sal de mar en grano
una pizca de chile en polvo

1 Pelar las patatas y cortarlas a tiras largas.

2 Escaldar las tiras de patatas en agua hirviendo durante 2 minutos, escurrir, enjuagar bajo el chorro de agua fría y escurrir muy bien nuevamente. Secarlas con papel de cocina absorbente (toallas de papel).

3 Calentar el aceite en una sartén china precalentada hasta que esté a punto de humear. Agregar el chile, la cebolla y el ajo y saltear durante 30 segundos. Sacar y desechar el chile, la cebolla y el ajo.

4 Agregar las tiras de patata al aceite y freír durante 3-4 minutos o hasta que estén doradas.

5 Agregar la salsa de soja, la sal y el vinagre a la sartén china, reducir el fuego y freír durante 1 minuto, o hasta que las patatas estén crujientes.

6 Sacar las patatas con una espumadera y dejarlas escurrir en papel de cocina absorbente (toallas de papel).

7 Colocar las tiras de patatas en una fuente, echarles la sal y el chile en polvo y servir.

VARIACIÓN

Puede añadir otros aderezos a las tiras de patatas fritas, como curry en polvo, o servirlas con una salsa picante.

1

2

3

Ensalada de Pepino y Brotes de Soja

Éste es un plato muy ligero, ideal para comerse solo como plato de verano o como entrada.

Para 4 personas

INGREDIENTES

350 g de brotes de soja
1 pepino pequeño
1 pimiento verde, sin pepitas y cortado a tiras finas
1 zanahoria, cortada a tiras finas
2 tomates, finamente picados
1 rama de apio, cortada a tiras finas
1 diente de ajo, machacado
unas gotas de salsa de chile
2 cucharadas de salsa de soja clara
1 cucharadita de vinagre de vino
2 cucharaditas de aceite de sésamo
16 cebollinos frescos

1 Escaldar los brotes de soja en agua hirviendo durante 1 minuto. Escurrir bien y enjuagar con agua fría. Escurrir muy bien nuevamente.

2 Cortar el pepino por la mitad a lo largo. Sacar las pepitas con una cuchara pequeña y desecharlas. Cortar la pulpa a tiras finas y mezclar con los brotes de soja, el pimiento verde, la zanahoria, los tomates y el apio.

3 Mezclar el ajo, la salsa de chile, la salsa de soja, el vinagre y el aceite de sésamo. Echar el aderezo sobre las verduras, removiendo para cubrirlas bien. Colocar en cuatro platos individuales. Adornar con cebollinos frescos y servir.

VARIACIÓN

Puede utilizar 350 g de judías verdes cocidas, frías o tirabeques en lugar del pepino. Para un sabor diferente, utilice distintos brotes. Puede utilizar judías de aduki o brotes de alfalfa, así como brotes de judías de soja y mung que son ingredientes más conocidos.

SUGERENCIA

Puede preparar las verduras con anticipación pero no combine todos los ingredientes hasta antes de servir, de lo contrario, los brotes de soja perderán su color.

Arroces y Fideos

Ningún libro de recetas de comida china estaría completo sin las recetas de los platos de arroces y fideos. Mucha gente cree que siempre debe servir arroz con un plato condimentado y, aunque a menudo es una elección excelente, hay muchos platos maravillosos de fideos que pueden servirse en lugar del arroz.

Sin embargo, este capítulo incluye algunas recetas deliciosas de arroz que pueden servirse como guarnición o solas. Los chinos utilizan arroz de grano largo, grano corto o glutinoso, y los verdaderos expertos nunca utilizan arroz 'de cocción rápida'. Utilice lo que pueda conseguir para estas recetas y disfrútelas. El arroz frito es el arroz más popular en los restaurantes occidentales, por lo que incluimos diversas variaciones en este capítulo.

Existe una gran variedad de fideos hechos con harina de trigo, harina de trigo sarraceno y harina de arroz. En este capítulo se saca el mayor partido a los fideos para ofrecerle deliciosas guarniciones y platos principales.

Arroz Frito con Huevo

Éste es un plato de arroz típico de la comida china que se ha hecho muy popular en la dieta occidental. El arroz hervido se fríe con guisantes, cebolletas (escalonias) y huevo y se adereza con salsa de soja.

Para 4 personas

INGREDIENTES

150 g de arroz de grano largo
3 huevos, batidos
2 cucharadas de aceite vegetal
2 dientes de ajo, machacados
4 cebolletas (escalonias), picadas
125 g de guisantes cocidos
1 cucharada de salsa de soja clara
una pizca de sal
cebolleta (escalonia) troceada, para adornar

1 Cocer el arroz en una cazuela con agua hirviendo durante 10-12 minutos, hasta que esté casi hecho pero no blando. Escurrir bien, enjuagar bajo el chorro de agua fría y escurrir muy bien nuevamente.

2 Colocar los huevos batidos en una cazuela y cocer a fuego lento, removiendo hasta que estén ligeramente revueltos.

3 Calentar el aceite en una sartén china precalentada. Agregar el ajo, las cebolletas (escalonias) y los guisantes y saltear, removiendo ocasionalmente, durante 1-2 minutos.

4 Añadir el arroz a la mezcla en la cazuela, mezclando para combinar todos los ingredientes.

5 Agregar los huevos, la salsa de soja y la sal a la sartén china y remover para mezclar los huevos muy bien.

6 Servir en platos y adornar con cebolleta (escalonia) troceada.

VARIACIÓN

Puede agregar gambas, jamón o pollo en el paso 3, si lo desea.

SUGERENCIA

El arroz se enjuaga con agua fría para quitarle el almidón y evitar que se pegue.

Arroz Frito con Cerdo

Éste es un plato principal por sí solo, contiene trozos de cerdo frito con arroz, guisantes, tomates y setas.

Para 4 personas

INGREDIENTES

150 g de arroz de grano largo
3 cucharadas de aceite de cacahuete
1 cebolla grande, cortada en 8
225 g de lomo de cerdo, finamente troceado
2 setas de sombrerete abierto, troceadas
2 dientes de ajo, machacados
1 cucharada de salsa de soja clara
1 cucharadita de azúcar moreno claro
2 tomates, sin piel, sin pepitas y picados
60 g de guisantes cocidos
2 huevos batidos

1 Cocer el arroz en una cazuela con agua hirviendo por espacio de 15 minutos, hasta que esté tierno pero no blando. Escurrir bien, enjuagar en agua fría y escurrir muy bien nuevamente.

2 Calentar el aceite en una sartén china precalentada. Agregar la cebolla y cerdo troceados y saltear durante 3-4 minutos, hasta que empiecen a adquirir color.

3 Agregar las setas y el ajo a la sartén china y saltear durante 1 minuto.

4 Agregar la salsa de soja y el azúcar a la mezcla de la sartén china y saltear otros 2 minutos.

5 Añadir el arroz, los tomates y los guisantes y mezclar bien. Colocar la mezcla en un plato caliente.

6 Agregar los huevos a la sartén china y removerlos durante 2-3 minutos, hasta que empiecen a cuajarse.

7 Devolver la mezcla del arroz a la sartén china y mezclar bien. Colocar en platos individuales y servir inmediatamente.

SUGERENCIA

Puede cocer el arroz con anticipación y congelarlo hasta que lo necesite.

3

5

6

Arroz Frito con Verduras

Este plato puede servirse como parte de una comida substanciosa para varias personas o como plato único vegetariano para cuatro personas.

Para 4 personas

INGREDIENTES

125 g de arroz de grano largo
3 cucharadas de aceite de cacahuete
2 dientes de ajo, machacados
1/2 cucharadita de polvo de cinco especias chinas
60 g de judías verdes
1 pimiento verde, sin pepitas y picado
4 mazorcas de maíz miniatura, troceadas
25 g de tallos de bambú, picados
3 tomates, sin piel y sin pepitas, picados
60 g de guisantes cocidos
1 cucharadita de aceite de sésamo

1 Cocer el arroz en una cazuela con agua hirviendo por espacio de 15 minutos, hasta que esté tierno pero no blando. Escurrir bien, enjuagar en agua fría y escurrir muy bien nuevamente.

2 Calentar el aceite de cacahuete en una sartén china precalentada.

3 Agregar el ajo y las cinco especias chinas y saltear durante 30 segundos.

4 Agregar las judías verdes, el pimiento y las mazorcas de maíz miniatura y saltear durante 2 minutos.

5 Añadir los tallos de bambú, los tomates, los guisantes y el arroz a la mezcla de la sartén china y saltear durante otro minuto.

6 Rociar el arroz frito y las verduras con aceite de sésamo y colocar en platos individuales. Servir inmediatamente.

VARIACIÓN

Puede agregar anacardos fritos o dorados en el paso 5, si lo prefiere.

SUGERENCIA

Utilice una selección de verduras de su elección, córtelas de tamaño similar para asegurarse de que se hagan al mismo tiempo.

4

5

6

Arroz Verde Frito

En esta receta se utilizan espinacas para darle al arroz un maravilloso color verde. Revuelto con las tiras de zanahoria, es un plato muy atractivo.

Para 4 personas

INGREDIENTES

150 g de arroz de grano largo
2 cucharadas de aceite vegetal
2 dientes de ajo, machacados
1 cucharadita de raíz de jengibre fresca, rallada
1 zanahoria, cortada a tiras finas
1 calabacín, en dados
225 g de espinacas de hoja pequeña
2 cucharaditas de salsa de soja clara
2 cucharaditas de azúcar moreno claro

1 Cocer el arroz en una cazuela con agua hirviendo por espacio de 15 minutos. Escurrir bien, enjuagar en agua fría y escurrir muy bien nuevamente.

2 Calentar el aceite vegetal en una sartén china precalentada.

3 Agregar el ajo y el jengibre a la sartén china y saltear por espacio de 30 segundos.

4 Agregar la zanahoria y el calabacín a la mezcla de la sartén china y saltear por espacio de 2 minutos.

5 Agregar las espinacas de hoja pequeña y saltear durante 1 minuto, hasta que se hayan encogido.

6 Agregar el arroz, la salsa de soja y el azúcar a la sartén china y mezclar muy bien.

7 Pasar el arroz verde frito a platos individuales y servir inmediatamente.

VARIACIÓN

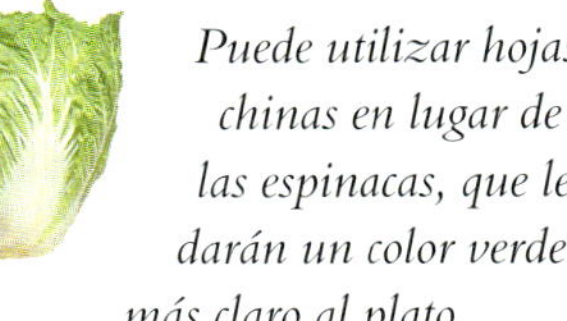

Puede utilizar hojas chinas en lugar de las espinacas, que le darán un color verde más claro al plato.

SUGERENCIA

La salsa de soja clara tiene más sabor que la salsa de soja oscura, que es más dulce y añade a la comida un color rojizo más vivo.

Arroz Frito Especial

Este plato es una elección popular en los restaurantes de comida china. El jamón y las gambas se mezclan con verduras en un arroz con sabor a soja.

Para 4 personas

INGREDIENTES

150 g de arroz de grano largo
2 cucharadas de aceite vegetal
2 huevos, batidos
2 dientes de ajo, machacados
1 cucharadita de raíz de jengibre fresca, rallada
3 cebolletas (escalonias) troceadas
75 g de guisantes cocidos
150 g de brotes de soja
225 g de jamón desmenuzado
150 g de gambas peladas y cocidas
2 cucharadas de salsa de soja clara

1 Cocer el arroz en una cazuela con agua hirviendo por espacio de 15 minutos. Escurrir bien, enjuagar en agua fría y escurrir muy bien nuevamente.

2 Calentar 1 cucharada de aceite en una sartén china precalentada y agregar los huevos batidos y otra cucharadita de aceite. Incline la sartén china para que el huevo cubra la base y formar una crepe delgada. Cocer hasta que esté ligeramente dorada por el lado de abajo, girar la crepe y freír por el otro lado durante 1 minuto. Sacar de la sartén china y dejar enfriar.

3 Calentar el resto del aceite en la sartén china. Agregar el ajo y el jengibre y saltear durante 30 segundos.

4 Agregar las cebolletas (escalonias), los guisantes, los brotes de soja, el jamón y las gambas a la sartén china y saltear todo 2 minutos.

5 Añadir la salsa de soja y el arroz y freír 2 minutos más. Colocar el arroz en platos para servir.

6 Enrollar la crepe, cortarla a lonchas muy delgadas y utilizarla para adornar el arroz. Servir inmediatamente.

SUGERENCIA

Esta receta contiene carne y pescado, por lo que es ideal cuando se sirve con platos de verduras sencillos.

2

4

6

Pollo y Arroz a la Cazuela

Se trata de un guiso picante de arroz, pollo, verduras y chile en un jugo de soja y jengibre. Aunque es a la cazuela, el tiempo de cocción de este plato es de aproximadamente 30 minutos.

Para 4 personas

INGREDIENTES

150 g de arroz de grano largo
1 cucharada de jerez seco
2 cucharadas de salsa de soja clara
2 cucharadas de salsa de soja oscura
2 cucharaditas de azúcar moreno
1 cucharadita de sal
1 cucharadita de aceite de sésamo
900 g de pollo, sin piel, huesos y en dados
850 ml de caldo de pollo
2 setas de sombrerete abierto, troceadas
60 g de castañas de agua, partidas por la mitad
75 g de cogollitos de brécol
1 pimiento amarillo, troceado
4 cucharaditas de jengibre fresco rallado
cebollinos enteros, para adornar

1 Cocer el arroz en una cacerola con agua hirviendo durante aproximadamente 15 minutos. Escurrir bien, enjuagar bajo el chorro de agua fría y escurrir nuevamente muy bien.

2 Colocar el jerez, la salsa de soja, el azúcar, la sal y el aceite de sésamo en un recipiente grande y mezclar hasta que todo esté bien combinado.

3 Añadir el pollo a la mezcla de soja, moviéndolo para cubrirlo bien. Dejar macerar el pollo por espacio de 30 minutos.

4 Hervir el caldo en una cacerola o en una sartén china precalentada.

5 Agregar el pollo con la maceración, las setas, las castañas de agua, el brécol, el pimiento y el jengibre.

6 Incorporar el arroz, reducir el fuego, tapar y cocinar por espacio de 25-30 minutos, hasta que el pollo y las verduras estén bien hechos.

7 Pasar a platos para servir, adornar con los cebollinos y servir.

VARIACIÓN

Este plato es igual de sabroso con carne de ternera o pollo. También puede utilizar hongos chinos secos en lugar de setas de sombrerete abierto, compruebe que estén rehidratados antes de agregarlos al plato.

2

3

6

Arroz Frito con Cangrejo

En esta receta se utiliza carne de cangrejo en lata por comodidad, pero también puede utilizar carne blanca de cangrejo fresco – delicioso.

Para 4 personas

INGREDIENTES

150 g de arroz de grano largo
2 cucharadas de aceite de cacahuete
125 g de carne de cangrejo blanca, escurrida
1 puerro, troceado
150 g de brotes de soja
1 cucharada de salsa de soja clara
2 cucharaditas de zumo de lima
2 huevos, batidos
1 cucharadita de aceite de sésamo
lima troceada, para adornar

1 Cocer el arroz en una cazuela con agua hirviendo por espacio de 15 minutos. Escurrir bien, enjuagar en agua fría y escurrir muy bien nuevamente.

2 Calentar el aceite de cacahuete en una sartén china precalentada.

3 Agregar la carne de cangrejo, el puerro y los brotes de soja a la sartén china y saltear durante 2-3 minutos. Sacar la mezcla con una espumadera y apartar hasta que se necesite.

4 Añadir los huevos a la sartén china y cocerlos, removiendo ocasionalmente, durante 2-3 minutos, hasta que empiecen a cuajarse.

5 Incorporar la mezcla del arroz y el cangrejo, el puerro y los brotes de soja a los huevos a la sartén china.

6 Agregar la salsa de soja y el zumo de lima a la mezcla de la sartén china. Freír durante 1 minuto, removiendo para combinarlo todo y rociar con aceite de sésamo.

7 Colocar el arroz frito con cangrejo en una fuente, adornar con lima troceada y servir inmediatamente.

VARIACIÓN

Puede utilizar langosta cocida en lugar del cangrejo para crear un plato realmente especial.

3

5

6

Fideos Fritos con Verduras

En esta receta los fideos se hierven primero y después se fríen en aceite abundante, para obtener una textura crujiente, y se mezclan con verduras fritas.

Para 4 personas

INGREDIENTES

350 g de fideos de huevo secos
2 cucharadas de aceite de cacahuete
2 dientes de ajo, machacados
1/2 cucharadita de anís estrella molido
1 zanahoria, cortada a tiras finas
1 pimiento verde, cortado a tiras finas
1 cebolla, cortada a cuartos y troceada
125 g de ramitas de brécol
75 g de tallos de bambú
1 rama de apio, troceada
1 cucharada de salsa de soja clara
150 ml de caldo de verduras
1 cucharadita de Maizena (harina de maíz)
2 cucharaditas de agua
abundante aceite, para freír

1 Hervir los fideos en agua durante 1-2 minutos. Escurrirlos bien y enjuagarlos bajo el chorro de agua fría. Dejar escurrir en un colador.

2 Calentar el aceite en una sartén china precalentada hasta que esté a punto de humear. Reducir el fuego, agregar el ajo y el anís estrella y saltear durante 30 segundos. Agregar el resto de las verduras y saltear durante 1-2 minutos.

3 Agregar la salsa de soja y el caldo a la sartén china y cocer a fuego lento durante 5 minutos.

4 Calentar abundante aceite para freír a 180°C, o hasta que un trozo de pan se dore en 30 segundos.

5 Formar círculos con los fideos y freírlos en aceite abundante en tandas hasta que estén crujientes, volviéndolos una sola vez. Dejar escurrir sobre papel de cocina (toallas de papel).

6 Mezclar la Maizena (harina de maíz) con el agua para formar una pasta y echar a la sartén china. Hervir, removiendo hasta que la salsa se espese y aclare.

7 Colocar los fideos en una fuente caliente, poner las verduras encima y servir de inmediato.

SUGERENCIA

Asegúrese de que los fideos estén bien secos antes de añadirlos al aceite caliente, de lo contrario el aceite empezará a salpicar.

2

3

5

Fideos con Pollo

En esta receta se utilizan fideos de arroz que puede comprar en los supermercados grandes o supermercados de productos chinos. Si no los puede conseguir, utilice fideos de huevo.

Para 4 personas

INGREDIENTES

225 g de fideos de arroz
2 cucharadas de aceite de cacahuete
225 g de pechuga de pollo sin piel ni grasa, a trozos
2 dientes de ajo, machacados
1 cucharadita de raíz de jengibre fresca, rallada
1 cucharadita de curry chino en polvo
1 pimiento rojo, sin pepitas y finamente troceado
75 g de tirabeques, troceados
1 cucharada de salsa de soja clara
2 cucharaditas de vino de arroz chino
2 cucharadas de caldo de pollo
1 cucharadita de aceite de sésamo
1 cucharada de cilantro fresco picado

1 Remojar los fideos de arroz durante 4 minutos en agua tibia. Escurrir muy bien y apartar hasta que se necesiten.

2 Calentar el aceite en una sartén china precalentada. Agregar el pollo y saltear durante 2-3 minutos.

3 Agregar el ajo, el jengibre y el curry en polvo y saltear 30 segundos más.

4 Añadir el pimiento y los tirabeques a la mezcla de la sartén china y saltear durante 2-3 minutos.

5 Agregar los fideos, la salsa de soja, el vino de arroz chino y el caldo de pollo a la mezcla de la sartén china y mezclar bien, removiendo ocasionalmente, durante 1 minuto.

6 Rociar los fideos con aceite de sésamo y el cilantro picado.

7 Servir los fideos inmediatamente.

VARIACIÓN

Puede utilizar carne de cerdo o pato en lugar del pollo, si lo prefiere.

1

4

5

Fideos con Gambas al Curry

Estos fideos tienen un sabor bastante fuerte y solos son casi un plato principal. Si los sirve como guarnición, son el acompañamiento ideal de platos sencillos de verduras o pescado.

Para 4 personas

INGREDIENTES

225 g de fideos de arroz
4 cucharadas de aceite vegetal
1 cebolla, troceada
2 lonchas de jamón, desmenuzadas
2 cucharadas de curry chino en polvo
150 ml de caldo de pescado
225 g de gambas crudas, peladas
2 dientes de ajo, machacados
6 cebolletas (escalonias), picadas
1 cucharada de salsa de soja clara
2 cucharadas de salsa hoisin
1 cucharada de jerez seco
2 cucharaditas de zumo de lima
cebollinos frescos, para adornar

1 Cocer los fideos de arroz en una cazuela con agua hirviendo durante 3-4 minutos. Escurrir bien, enjuagar con agua fría y enjuagar muy bien nuevamente. Colocar aparte hasta que se necesiten.

2 Calentar 2 cucharadas de aceite en una sartén china precalentada.

3 Agregar la cebolla y el jamón y saltear durante 1 minuto.

4 Agregar el curry en polvo a la mezcla de la sartén china y saltear 30 segundos más.

5 Añadir los fideos y el caldo a la sartén china y cocer durante 2-3 minutos. Sacar los fideos de la sartén china y conservar calientes hasta que se necesiten.

6 Calentar el resto del aceite en la sartén china. Agregar las gambas, el ajo y las cebolletas (escalonias) y saltear por espacio de 1 minuto.

7 Agregar la salsa de soja, la salsa hoisin, el jerez y el zumo de lima y remover. Echar la mezcla sobre los fideos, mezclar y adornar con los cebollinos frescos.

VARIACIÓN

Puede utilizar gambas cocidas si lo prefiere, pero añádalas al final – el tiempo suficiente para que se calienten. Si las cuece en exceso se pondrán duras y no se podrán comer.

4

5

6

Fideos al Estilo de Singapur

Éste es un plato especial y muy famoso, una deliciosa comida por sí sola. Lleno de los sabores maravillosos del pollo, las gambas y las verduras.

Para 4 personas

INGREDIENTES

225 g de fideos de huevo secos
6 cucharadas de aceite vegetal
4 huevos, batidos
3 dientes de ajo, machacados
1 1/2 cucharaditas de chile en polvo
225 g de pollo sin piel ni hueso, cortado a tiras delgadas
3 ramas de apio, troceadas
1 pimiento verde, sin pepitas y troceado
4 cebolletas (escalonias), troceadas
25 g de castañas de agua, a cuartos
2 chiles rojos frescos, troceados
300 g de gambas peladas, cocidas
175 g de brotes de soja
2 cucharaditas de aceite de sésamo

1 Remojar los fideos en agua hirviendo durante 4 minutos o hasta que estén blandos. Escurrir sobre papel absorbente de cocina (toallas de papel).

2 Calentar 2 cucharadas de aceite en una sartén china precalentada. Agregar los huevos y removerlos hasta que se cuajen. Sacar los huevos cocidos de la sartén china, apartar y conservarlos calientes.

3 Añadir el resto del aceite a la sartén china. Agregar el ajo y chile en polvo y saltear durante 30 segundos.

4 Agregar el pollo y saltear durante 3-4 minutos, hasta que empiece a dorarse.

5 Añadir el apio, el pimiento, las cebolletas (escalonias), las castañas de agua y los chiles y freír otros 8 minutos o hasta que el pollo esté bien hecho.

6 Agregar las gambas y los fideos a la sartén china, junto con los brotes de soja y remover bien.

7 Romper los huevos cocidos con un tenedor y agregarlos a los fideos, junto con el aceite de sésamo. Servir inmediatamente.

SUGERENCIA

Cuando mezcle ingredientes precocinados como el huevo y los fideos, asegúrese de calentarlos bien y de que estén calientes en el momento de servir.

Fideos Picantes con Cerdo

Éste es un plato bastante picante, con un delicioso sabor a cacahuete. Aumente o reduzca la cantidad de chile al gusto.

Para 4 personas

INGREDIENTES

350 g de cerdo picado
1 cucharada de salsa de soja clara
1 cucharada de jerez seco
350 g de fideos de huevo
2 cucharaditas de aceite de sésamo
2 cucharadas de aceite vegetal
2 dientes de ajo, machacados
2 cucharaditas de raíz de jengibre fresca, rallada
2 chiles rojos frescos, troceados
1 pimiento rojo, sin pepitas y finamente troceado
25 g de cacahuetes sin sal
3 cucharadas de mantequilla de cacahuete
3 cucharadas de salsa de soja oscura
una pizca de aceite de chile
300 ml de caldo de cerdo

1 Mezclar el cerdo, la salsa de soja clara y el jerez seco en un recipiente grande. Tapar y dejar macerar durante 30 minutos.

2 Entretanto, cocer los fideos en una cazuela de agua hirviendo durante 4 minutos. Escurrirlos bien, enjuagarlos en agua fría y escurrirlos nuevamente.

3 Mezclar los fideos con el aceite de sésamo.

4 Calentar el aceite vegetal en una sartén china precalentada. Agregar el ajo, el jengibre, los chiles y el pimiento y saltear durante 30 segundos.

5 Agregar el cerdo a la mezcla de la sartén china, junto con la maceración. Saltear 1 minuto más, hasta que el cerdo esté bien dorado.

6 Agregar los cacahuetes, la mantequilla de cacahuete, la salsa de soja, el aceite de chile y el caldo y cocer durante 2-3 minutos.

7 Añadir los fideos a la mezcla y servir de inmediato.

VARIACIÓN

La carne de pollo o cordero picada también va muy bien con esta receta en lugar del cerdo.

2

3

6

Pollo sobre Fideos Crujientes

Los fideos escaldados se fríen en la sartén china hasta que están dorados y crujientes y después se cubren con una salsa de pollo desmenuzado para ofrecer un plato suculento.

Para 4 personas

INGREDIENTES

225 g de pechugas de pollo sin piel ni hueso, desmenuzadas
1 clara de huevo
5 cucharaditas de Maizena (harina de maíz)
225 g de fideos de huevo delgados
320 ml de aceite vegetal
600 ml de caldo de pollo
2 cucharadas de jerez seco
2 cucharadas de salsa de ostras
1 cucharada de salsa de soja clara
1 cucharada de salsa hoisin
1 pimiento rojo, sin pepitas y finamente troceado
2 cucharadas de agua
3 cebolletas (escalonias), picadas

1 Mezclar el pollo, la clara de huevo y 2 cucharaditas de Maizena (harina de maíz) en un recipiente. Dejar reposar al menos durante 30 minutos.

2 Escaldar los fideos en agua hirviendo durante 2 minutos y después escurrirlos muy bien. Calentar 300 ml de aceite en una sartén china precalentada. Agregar los fideos hasta que cubran la base de la sartén china. Frír a fuego lento durante 5 minutos, hasta que los fideos estén dorados por la parte de abajo. Dar la vuelta a los fideos y dorarlos del otro lado. Sacarlos de la sartén china cuando estén crujientes y dorados, colocarlos en un plato y mantenerlos calientes. Sacar el aceite de la sartén china.

3 Agregar 300 ml de caldo de pollo a la sartén china. Retirar del fuego y agregar el pollo, removiendo muy bien para que no se pegue. Devolver al fuego y cocer durante 2 minutos. Escurrir y tirar el caldo.

4 Limpiar la sartén china con papel de cocina (toallas de papel) y devolver al fuego. Agregar el jerez, la salsa de ostras, la salsa de soja, la salsa hoisin, el pimiento rojo y el resto del caldo de pollo y poner a hervir. Mezclar el resto de la Maizena (harina de maíz) con el agua para formar una pasta y añadirla a la mezcla.

5 Volver a poner el pollo en la sartén china y cocer a fuego lento durante 2 minutos. Colocar el pollo sobre los fideos y rociarlo con las cebolletas (escalonias). Servir inmediatamente.

2

2

5

Fideos Celofán con Salsa de Judías Amarillas

Los fideos celofán son excelentes recalentados, a diferencia de los otros fideos, que se tienen que servir tan pronto como están listos.

Para 4 personas

INGREDIENTES

175 g de fideos celofán
1 cucharada de aceite de cacahuete
1 puerro, troceado
2 dientes de ajo, machacados
450 g de pollo picado
450 ml de caldo de pollo
1 cucharadita de salsa de chile
2 cucharadas de salsa de judías amarillas
4 cucharadas de salsa de soja clara
1 cucharadita de aceite de sésamo
cebollinos picados, para adornar

1 Remojar los fideos en agua hirviendo durante 15 minutos. Escurrir los fideos muy bien y cortarlos a tiras cortas con unas tijeras de cocina.

2 Calentar el aceite en una sartén china precalentada. Agregar el puerro y el ajo y saltear durante 30 segundos.

3 Agregar el pollo a la mezcla de la sartén china y saltear durante 4-5 minutos, hasta que el pollo esté bien hecho.

4 Añadir el caldo de pollo, la salsa de chile, la salsa de judías amarillas y la salsa de soja a la sartén china y cocer durante 3-4 minutos.

5 Agregar los fideos escurridos y el aceite de sésamo a la sartén china y cocer, mezclándolos bien, durante 4-5 minutos.

6 Colocar los fideos celofán y la salsa de judías amarillas en cuencos calientes, espolvorearlos con los cebollinos picados y servir inmediatamente.

SUGERENCIA

Los fideos celofán pueden conseguirse en muchos supermercados y en todos los comercios de productos chinos.

1

4

5

Fideos con Gambas

Ésta es una receta sencilla con fideos de huevo y gambas grandes, que le dan al plato un sabor, una textura y un color maravillosos.

Para 4 personas

INGREDIENTES

225 g de fideos de huevo delgados
2 cucharadas de aceite de cacahuete
1 diente de ajo, machacado
1/2 cucharadita de anís estrella molido
1 manojo de cebolletas (escalonias), cortadas a trozos de 5 cm
24 gambas gigantes, peladas con la cola intacta
2 cucharadas de salsa de soja ligera
2 cucharaditas de zumo de lima
lima a trozos, para adornar

1 Escaldar los fideos en una cazuela con agua hirviendo durante 2 minutos. Escurrir bien, enjuagar en agua fría y escurrir muy bien nuevamente.

2 Calentar el aceite en una sartén china precalentada hasta que esté a punto de humear.

3 Agregar el ajo y el anís estrella a la sartén china y saltear durante 30 segundos.

4 Agregar las cebolletas (escalonias) y las gambas a la sartén china y saltear durante 2-3 minutos.

5 Añadir la salsa de soja, el zumo de lima y los fideos y mezclar bien. Cocer durante 1 minuto y colocar en un plato caliente. Pasar a cuencos, adornar con la lima y servir inmediatamente.

SUGERENCIA

Los fideos de huevo chinos están hechos de harina de trigo o arroz, agua y huevo. Los fideos son un símbolo de longevidad y por eso siempre se sirven en celebraciones de cumpleaños – se cree que da mala suerte cortarlos.

VARIACIÓN

Este plato es igualmente delicioso con gambas pequeñas, pero no tiene un aspecto tan apetitoso.

1

4

5

Chow Mein de Ternera

El Chow Mein es seguramente el plato de fideos más conocido y popular de cualquier menú de comida china. Esta receta utiliza carne de ternera, pero también puede utilizar pollo, cerdo o verduras.

Para 4 personas

INGREDIENTES

450 g de fideos de huevo
4 cucharadas de aceite de cacahuete
450 g de bistec de ternera sin grasa, cortado a tiras delgadas
2 dientes de ajo, machacados
1 cucharadita de raíz de jengibre fresca, rallada
1 pimiento verde, finamente troceado
1 zanahoria, finamente troceada
2 ramas de apio, troceadas
8 cebolletas (escalonias)
1 cucharadita de azúcar moreno
1 cucharada de jerez seco
2 cucharadas de salsa de soja oscura
unas gotas de salsa de chile

1 Cocer los fideos en una cazuela con agua hirviendo con sal durante 4-5 minutos. Escurrirlos bien, enjuagarlos bajo el chorro de agua fría y enjuagarlos muy bien nuevamente.

2 Mezclar los fideos con 1 cucharada de aceite.

3 Calentar el resto del aceite en una sartén china precalentada. Agregar la carne y saltear durante 3-4 minutos, removiendo constantemente.

4 Agregar el ajo y el jengibre y saltear durante 30 segundos.

5 Agregar el pimiento, la zanahoria, el apio y las cebolletas (escalonias) y saltear durante 2 minutos.

6 Agregar el azúcar, el jerez, la salsa de soja y la salsa de chile y remover durante 1 minuto.

7 Añadir los fideos, mezclándolos bien hasta que estén bien calientes.

8 Colocar los fideos en cuencos calientes y servir inmediatamente.

VARIACIÓN

Puede utilizar una variedad de verduras diferentes en esta receta para añadir color y sabor – como el brécol, pimientos rojos, judías verdes o mazorcas de maíz miniatura.

Fideos Fritos a la Cantonesa

Este plato normalmente se sirve como entrada o comida ligera. También se puede servir como guarnición de platos sencillos de carne y pescado.

Para 4 personas

INGREDIENTES

350 g de fideos de huevo
3 cucharadas de aceite vegetal
675 g de bistec sin grasa, cortado a tiras delgadas
125 g de col verde, desmenuzada
75 g de tallos de bambú
6 cebolletas (escalonias), troceadas
25 g de judías verdes, por la mitad
1 cucharada de salsa de soja oscura
2 cucharadas de caldo de ternera
1 cucharada de jerez seco
1 cucharada de azúcar moreno claro
2 cucharadas de perejil picado, para adornar

1 Cocer los fideos en una cazuela de agua hirviendo durante 2-3 minutos. Escurrirlos, enjuagarlos bajo el chorro de agua fría y escurrirlos muy bien nuevamente.

2 Calentar 1 cucharada de aceite en una sartén china precalentada.

3 Echar los fideos a la sartén china y saltear durante 1-2 minutos. Escurrirlos y colocarlos aparte hasta que se necesiten.

4 Calentar el resto del aceite en la sartén china. Agregar la carne y saltear durante 2-3 minutos.

5 Agregar la col, los tallos de bambú, las cebolletas (escalonias) y las judías a la sartén china y saltear durante 1-2 minutos.

6 Agregar la salsa de soja, el caldo, el jerez y el azúcar a la sartén china, removiendo muy bien.

7 Añadir los fideos a la mezcla de la sartén china, removiendo bien para mezclar todo.

8 Colocar en cuencos, adornar con el perejil picado y servir inmediatamente.

VARIACIÓN

Puede utilizar carne de cerdo o pollo sin grasa en lugar de la carne de ternera en esta receta, si lo prefiere – recuerde modificar el caldo de acuerdo con el tipo de carne que utilice.

4

5

6

Fideos Fritos con Setas y Cerdo

Este plato utiliza las setas ostra, que son muy coloristas. Si no consigue este tipo de setas, puede utilizar champiñones normales.

Para 4 personas

INGREDIENTES

450 g de fideos de huevo delgados
2 cucharadas de aceite de cacahuete
350 g de filete de cerdo, a trozos
2 dientes de ajo, machacados
1 cebolla, cortada en 8 pedazos
225 g de setas ostra
4 tomates, sin piel, sin pepitas y finamente troceados
2 cucharadas de salsa de soja clara
50 ml de caldo de cerdo
1 cucharada de cilantro fresco picado

1 Cocer los fideos en una cazuela con agua hirviendo durante 2-3 minutos. Escurrir bien, enjuagar bajo el chorro de agua fría y enjuagar muy bien nuevamente.

2 Calentar 1 cucharada de aceite en una sartén china precalentada.

3 Agregar los fideos a la sartén china y saltear durante 2 minutos.

4 Con una espumadera, saque los fideos de la sartén china, escúrralos bien y coloque aparte hasta que se necesiten.

5 Calentar el resto del aceite en la sartén china. Agregar el cerdo y saltear durante 4-5 minutos.

6 Añadir el ajo y la cebolla y saltear otros 2-3 minutos.

7 Agregar las setas, los tomates, la salsa de soja, el caldo de cerdo y los fideos. Remover bien y cocer durante 1-2 minutos.

8 Añadir el cilantro picado y servir inmediatamente.

SUGERENCIA

Para que los fideos salgan más crujientes, agregue 2 cucharadas de aceite a la sartén china y fría los fideos durante 5-6 minutos, esparciéndolos en la sartén y volviéndolos durante la cocción.

3

7

7

Cordero con Fideos Transparentes

El cordero se fríe rápidamente, se recubre en salsa de soja y se sirve sobre un lecho de fideos transparentes para ofrecer un plato lleno de sabor.

Para 4 personas

INGREDIENTES

150 g de fideos celofán
450 g de carne de cordero sin grasa, finamente troceada
2 cucharadas de aceite de cacahuete
2 dientes de ajo, machacados
2 puerros, troceados
3 cucharadas de salsa de soja oscura
250 ml de caldo de cordero
unas gotas de salsa de chile
chile rojo a tiras, para adornar

1 Hervir agua en una cazuela grande. Agregar los fideos transparentes y cocerlos durante 1 minuto. Escurrir bien los fideos, enjuagarlos bajo el chorro de agua fría y escurrirlos muy bien nuevamente.

2 Calentar el aceite de cacahuete en una sartén china precalentada. Agregar el cordero a la sartén china y saltear durante unos 2 minutos.

3 Agregar el ajo y los puerros a la sartén china y saltear otros 2 minutos.

4 Añadir la salsa de soja, el caldo y la salsa de chile y cocer durante 3-4 minutos, hasta que la carne esté bien hecha.

5 Agregar los fideos a la sartén china y cocer durante 1 minuto, hasta que estén calientes.

6 Colocar en platos individuales, adornar y servir.

SUGERENCIA

La salsa de chile es una salsa muy picante hecha de chiles, vinagre, azúcar y sal, y debe utilizarse con cuidado. También puede utilizar salsa Tabasco.

SUGERENCIA

Los fideos transparentes se venden en los supermercados de productos chinos. También puede utilizar fideos de huevo si no encuentra los fideos transparentes y cocinarlos de acuerdo con las instrucciones del paquete.

3

4

5

Fideos Celofán con Gambas

En esta receta las gambas gigantes se cocinan con zumo de naranja, pimientos, salsa de soja y vinagre y se sirven sobre un lecho de fideos de celofán para crear un plato verdaderamente maravilloso.

Para 4 personas

INGREDIENTES

175 g de fideos celofán
1 cucharada de aceite vegetal
1 diente de ajo, machacado
2 cucharaditas de raíz de jengibre fresca, rallada
24 gambas gigantes crudas, peladas y limpias
1 pimiento rojo, sin pepitas y finamente troceado
1 pimiento verde, sin pepitas y finamente troceado
1 cebolla, picada
2 cucharadas de salsa de soja clara
zumo de 1 naranja
2 cucharaditas de vinagre de vino
una pizca de azúcar moreno
150 ml de caldo de pescado
1 cucharada de Maizena (harina de maíz)
2 cucharaditas de agua
naranja a rodajas, para adornar

1 Cocer los fideos en una cazuela con agua hirviendo durante 1 minuto. Escurrir bien, enjuagar bajo el chorro de agua fría y escurrir muy bien nuevamente.

2 Calentar el aceite en una sartén china precalentada. Agregar el ajo y el jengibre y saltear durante 30 segundos.

3 Agregar las gambas y saltear durante 2 minutos. Sacar las gambas con una espumadera y conservarlas calientes hasta que se necesiten.

4 Agregar los pimientos y la cebolla a la sartén china y saltear durante 2 minutos. Añadir la salsa de soja, el zumo de naranja, el vinagre, el azúcar y el caldo.

5 Devolver las gambas a la sartén china y cocer durante 8-10 minutos, hasta que estén bien hechas.

6 Mezclar la Maizena (harina de maíz) con el agua y agregar a la sartén china. Dejar hervir, agregar los fideos y cocer durante 1-2 minutos. Adornar y servir.

VARIACIÓN

Puede utilizar zumo y rodajas de lima en lugar de la naranja. Utilice 3-5½ cucharaditas de zumo.

3

4

5

Postres

Los postres son casi desconocidos en los hogares chinos; las siguientes recetas son adaptaciones de recetas imperiales o utilizan métodos de preparación e ingredientes de la comida china para producir postres deliciosos, broche de oro de cualquier comida.

Los chinos normalmente no tienen postres al final de la comida, excepto en banquetes y ocasiones especiales. Los platos dulces normalmente se sirven entre los platos fuertes como refrigerio, pero la fruta fresca se considera muy refrescante al final de una comida substanciosa.

El arroz se cocina con frutas, los lichis se aderezan con jengibre y se sirven con un sorbete de naranja refrescante y los bocaditos de wontons se rellenan con dátiles y se rocían con miel, éstas son tan sólo unas cuantas de las tentadoras delicias que encontrará en este capítulo.

Wontons Dulces con Frutas

Los wontons dulces se sirven principalmente en restaurantes y no se encuentran a menudo en los hogares chinos. Son muy adaptables y se pueden rellenar de frutas pequeñas, enteras o una mezcla, como en esta receta.

Para 4 personas

INGREDIENTES

12 cuadrados de pasta de wontons
2 cucharaditas de Maizena (harina de maíz)
6 cucharaditas de agua fría
abundante aceite, para freír

2 cucharadas de miel clara
selección de frutas frescas (como kiwis, limas , naranjas, mango y manzanas), troceadas, para servir

RELLENO:
175 g de dátiles secos, picados, sin hueso
2 cucharaditas de azúcar moreno oscuro
1/2 cucharadita de canela molida

1 Para preparar el relleno, mezclar los dátiles, el azúcar y la canela en un recipiente.

2 Extender los cuadrados de wontons sobre una tabla y colocar un poco del relleno en el centro de cada uno.

3 Mezclar la Maizena (harina de maíz) y el agua y untar los lados de los cuadrados con esta mezcla.

4 Doblar los cuadrados sobre el relleno, juntando los lados, después unir las dos esquinas, sellando con la mezcla de la Maizena (harina de maíz).

5 Calentar el aceite para freír en una sartén china a 180°C, o hasta que un trozo de pan se dore en 30 segundos. Freír los wontons, en tandas, durante 2-3 minutos, hasta que se doren. Sacar los wontons del aceite con una espumadera y dejarlos escurrir sobre papel de cocina absorbente (toallas de papel).

6 Colocar la miel en un recipiente y colocarlo sobre agua tibia, para ablandarla un poco. Rociar la miel sobre los wontons y servir con una selección de frutas frescas.

SUGERENCIA

Los cuadrados de pasta de wontons se venden en los supermercados de productos chinos. Alternativamente, prepare la masa que se utiliza para la Sopa de Bolitas de Gambas *(ver página 24).*

2

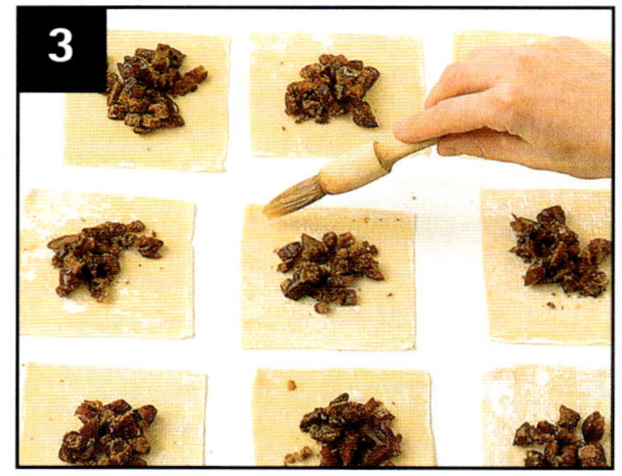
3

4

Empanadas de Plátano

Estas empanadas son un poco laboriosas, pero vale la pena el esfuerzo. El relleno dulce de plátano se envuelve en una masa y se hornea.

Para 4 personas

INGREDIENTES

MASA:
450 g de harina común (para todos los usos)
60 g de grasa (manteca de pastelería)
60 g de mantequilla sin sal
125 ml de agua

RELLENO:
2 plátanos grandes
75 g de albaricoques secos picados, que no se tengan que remojar
una pizca de nuez moscada
unas gotas de zumo de naranja
1 yema de huevo batida
azúcar en polvo, para espolvorear
nata o helado, para servir

1 Para preparar la masa, espolvorear la harina en un recipiente grande. Agregar la grasa (manteca de pastelería) y la mantequilla e incorporarlas con las yemas de los dedos en la harina hasta que la mezcla adquiera una textura parecida a las migas de pan. Verter gradualmente el agua para ablandar la masa. Envolver en plástico transparente y meter en la nevera por espacio de 30 minutos.

2 Machacar los plátanos en un recipiente con un tenedor y añadir los albaricoques, la nuez moscada y el zumo de naranja, mezclando muy bien.

3 Extender la masa con un rodillo sobre una superficie enharinada y cortarla en 16 círculos de 10 cm.

4 Servir un poco del relleno de plátano sobre la mitad de cada círculo y doblar la masa sobre el relleno para formar semicírculos. Apretar los lados y sellarlos presionando con la punta de un tenedor.

5 Colocar las empanadas sobre una bandeja de horno de teflón (bandeja para galletas) y pincelarlas con la yema del huevo batido.

6 Hacer un pequeño corte en cada empanada y cocer en un horno precalentado a 180ºC, por espacio de 25 minutos, o hasta que estén doradas.

7 Espolvorear con el azúcar en polvo y servir con nata o helado.

VARIACIÓN

Utilice un relleno de frutas de su elección, como manzanas o ciruelas, como una alternativa.

2

4

5

Empanadas Rellenas de Mango

Estas empanadas pequeñas se rellenan con mango y lichis en lata y son una delicia muy colorida.

Para 4 personas

INGREDIENTES

MASA:
2 cucharaditas de levadura en polvo
1 cucharada de azúcar extra fino
150 ml de agua
150 ml de leche
400 g de harina común (para todos los usos)

RELLENO Y SALSA:
1 mango pequeño
100 g de lichis en lata, escurridos
1 cucharada de almendras molidas
4 cucharadas de zumo de naranja
canela molida, para espolvorear

1 Para preparar la masa, colocar la levadura en polvo y el azúcar en un recipiente grande. Mezclar el agua y leche y después incorporar a la mezcla de levadura y el azúcar hasta que estén bien combinados. Añadir gradualmente la harina para formar una masa blanda. Colocar la masa aparte en un lugar templado por espacio de 1 hora.

2 Para preparar el relleno, pelar el mango y sacarle toda la pulpa. Cortar la pulpa del mango a trozos grandes, apartar la mitad para la salsa.

3 Cortar los lichis y mezclarlos con la mitad del mango, junto con las almendras molidas. Dejar reposar durante 20 minutos.

4 Entretanto, preparar la salsa. Mezclar el resto del mango y el zumo de naranja en un procesador de alimentos hasta que no tengan grumos. Pasar la mezcla por un colador para obtener una salsa homogénea.

5 Dividir la masa en 16 pedazos iguales. Aplanar cada pedazo con un rodillo sobre una superficie enharinada y formar círculos de 7,5 cm.

6 Colocar un poco del relleno de mango y lichis en el centro de cada círculo y doblar la masa sobre el relleno para formar semicírculos. Apretar los lados para sellar firmemente.

7 Colocar las empanadas en un plato resistente al calor en una vaporera, tapar y cocer al vapor durante 20-25 minutos, o hasta que estén bien hechas.

8 Sacar las empanadas de la vaporera, espolvorearlas con un poco de canela molida y servir con la salsa de mango.

2

4

6

Arroz Dulce

Este postre se sirve en los banquetes y celebraciones de la China y tiene un aspecto maravilloso cuando se parte.

Para 4 personas

INGREDIENTES

175 g de arroz de postre
25 g de mantequilla sin sal
1 cucharada de azúcar extra fino
8 dátiles secos, sin hueso y picados
1 cucharada de pasas
5 cerezas confitadas, por la mitad
5 pedazos de angélica, picados
5 mitades de nuez
125 g de puré de castañas enlatadas

JARABE:
150 ml de agua
2 cucharadas de zumo de naranja
4 1/2 cucharaditas de azúcar moreno claro
1 1/2 cucharaditas de Maizena (harina de maíz)
1 cucharada de agua fría

1 Colocar el arroz en una cazuela, cubrirlo con agua fría y ponerlo a hervir. Reducir el fuego, tapar y cocer a fuego lento durante 15 minutos o hasta que el agua se haya consumido. Añadir la mantequilla y el azúcar.

2 Engrasar un recipiente resistente al calor de 600 ml. Cubrir la base y los lados del recipiente con una capa delgada del arroz, presionando con el reverso de una cuchara.

3 Mezclar la fruta y las nueces y situar presionando sobre el arroz.

4 Extender una capa gruesa de arroz encima y llenar el centro con el puré de castañas. Cubrir con el resto del arroz, apretando la parte de arriba para sellar el puré.

5 Tapar el recipiente con papel parafinado plegado (encerado) y papel aluminio y cerrarlo con un cordel. Colocar en una vaporera o dentro de una sartén y llenar con agua caliente hasta que cubra la mitad del recipiente. Tapar y cocer al vapor durante 45 minutos. Dejar reposar durante 10 minutos.

6 Antes de servir, calentar el agua y el zumo de naranja ligeramente. Agregar el azúcar y remover para disolverlo bien. Calentarlo hasta que hierva.

7 Mezclar la Maizena (harina de maíz) con el agua fría para formar una pasta suave, después añadir a la mezcla hirviendo. Cocer durante 1 minuto, hasta que se espese y aclare.

8 Servir en un plato. Echar el almíbar encima, cortar en porciones y servir.

2

4

4

Tartas de Arroz Enmeladas

Estas pequeñas tartas son muy dulces, pero tienen un maravilloso sabor debido a la combinación de jengibre, miel y canela.

Para 4 personas

INGREDIENTES

300 g de arroz para postre
2 cucharadas de miel clara, más cantidad extra para rociar
una pizca grande de canela molida
15 albaricoques secos, picados, que no necesiten remojarse
3 trozos de jengibre (en conserva), escurridos y picados
8 albaricoques secos enteros, que no necesiten remojarse, para decorar

1 Colocar el arroz en una cazuela y cubrir con agua fría. Hervir, reducir el fuego, tapar y cocer durante 15 minutos o hasta que el agua se haya consumido

2 Añadir la miel y la canela al arroz.

3 Engrasar 4 moldes pequeños de 150 ml.

4 Mezclar los albaricoques y el jengibre en un procesador de alimentos para formar una pasta. Dividir la pasta en 4 porciones iguales y formar un círculo plano con cada una del diámetro de cada molde.

5 Dividir la mitad del arroz entre los moldes y colocar la pasta de albaricoque encima.

6 Cubrir la pasta de albaricoque con el resto del arroz. Cubrir los moldes con papel parafinado (cera) y papel aluminio y cocer al vapor durante 30 minutos, o hasta que se hayan cuajado.

7 Sacar los moldes de la vaporera y dejar reposar durante 5 minutos.

8 Colocar las tartas en platos calientes y rociarlos con miel clara. Decorar con los albaricoques secos y servir.

SUGERENCIA

Puede dejar enfriar las tartas en sus moldes dentro de la nevera y después servirlas con helado o nata.

2

4

6

Mousse de Mango

Ésta es una mousse ligera, suave y con un sabor penetrante, perfecta para aclarar el paladar después de una comida china de sabores mixtos.

Para 4 personas

INGREDIENTES

400 g de mangos en almíbar en lata
2 trozos de jengibre (en conserva), picado
200 ml de nata para montar (espesa)
20 g de gelatina en polvo
2 cucharadas de agua
2 claras de huevo
1 1/2 cucharadas de azúcar moreno claro
jengibre (en conserva) y piel de lima en tiras muy finas, para decorar

1 Escurrir los mangos y guardar el jugo. Mezclar los trozos de mango y el jengibre en un procesador de alimentos o batidora durante 30 segundos, o hasta que no tengan grumos.

2 Medir el puré y llegar hasta 300 ml con el jugo del mango.

3 En un recipiente separado, batir la nata hasta montarla. Mezclar el mango con la nata.

4 Disolver la gelatina en agua y dejar enfriar. Agregar la gelatina a la mezcla del mango de forma uniforme, removiendo constantemente. Dejar enfriar en la nevera por espacio de 30 minutos, hasta que esté casi cuajada.

5 Batir las claras de huevo a punto de nieve en un recipiente limpio y después agregar el azúcar. Mezclar cuidadosamente las claras de huevo con el mango con una cuchara de metal.

6 Colocar la mousse en platos individuales y decorar con el de jengibre (en conserva) y la piel de lima picada muy fina. Servir inmediatamente.

SUGERENCIA

La gelatina debe mezclarse con el mango cuidadosamente para evitar que se formen grumos cuando entre en contacto con la mezcla fría.

3

4

5

Peras Escalfadas con Especias Mixtas

Estas peras están impregnadas de sabor y son deliciosas después de hervirlas en una mezcla de agua y especias mixtas. Son suculentas calientes o frías.

Para 4 personas

INGREDIENTES

4 peras grandes, maduras
300 ml de zumo de naranja
2 cucharaditas de especias mixtas molidas
60 g de pasas
2 cucharadas de azúcar moreno claro
piel de naranja en tiras muy finas, para decorar

1 Utilizar un descorazonador de manzanas para sacar el centro de las peras. Con un cuchillo afilado, pelar las peras y cortarlas por la mitad.

2 Colocar las peras en una cazuela grande.

3 Agregar el zumo de naranja, las especias mixtas, las pasas y el azúcar a la cazuela y calentar lentamente, removiendo hasta que el azúcar se haya disuelto. Hervir la mezcla durante 1 minuto.

4 Reducir el fuego y cocer a fuego lento por espacio de 10 minutos, o hasta que las peras estén hechas, pero firmes – inserte la punta de un cuchillo afilado para comprobar.

5 Sacar las peras de la cazuela con una cuchara con espumadera y servirlas en los platos. Decorar y servir calientes con el almíbar.

SUGERENCIA

Los chinos no acostumbran a preparar postres para finalizar una comida, excepto en banquetes u ocasiones especiales. Los platos dulces normalmente se sirven entre los platos fuertes como refrigerio, pero la fruta es refrescante al final de una comida substanciosa.

VARIACIÓN

Utilice la canela en lugar de especias mixtas y decore con canela en rama y hojas de menta frescas, si lo prefiere.

1

3

4

Tartas Chinas de Natillas

Estas pequeñas tartas son irresistibles – la natilla se hornea en una masa dulce y substanciosa. Las tartas pueden servirse calientes o frías.

Para 4 personas

INGREDIENTES

MASA:
175 g de harina común (todos los usos)
3 cucharadas de azúcar extra fino
60 g de mantequilla sin sal
25 g de grasa (manteca de pastelería)
2 cucharadas de agua

NATILLA:
2 huevos pequeños
60 g de azúcar extra fino
175 ml de leche
1/2 cucharadita de nuez moscada molida, más cantidad extra para espolvorear
nata, para servir

1 Para preparar la masa, espolvorear la harina en un recipiente. Agregar el azúcar y mezclar con la mantequilla y la grasa (manteca de pastelería) hasta que la mezcla adquiera la textura de migas de pan. Agregar el agua y mezclar para formar una masa firme.

2 Pasar la masa a una superficie enharinada y amasar durante 5 minutos, hasta que esté suave. Cubrir con plástico transparente y dejar enfriar en la nevera mientras prepara el relleno.

3 Para preparar las natillas, batir los huevos y el azúcar juntos. Agregar la leche y la nuez moscada gradualmente y batir hasta que estén bien mezcladas.

4 Dividir la masa en 15 pedazos iguales. Aplanar los pedazos en forma de círculos y meterlos en moldes de tarta poco profundos.

5 Colocar las natillas en los moldes y meter en un horno precalentado a 150°C, durante 25-30 minutos.

6 Pasar las tartas a una rejilla, dejar enfriar ligeramente, y espolvorearlas con nuez moscada. Servir con nata.

SUGERENCIA

Para mayor comodidad, prepare la masa con anticipación, tápela y déjela enfriar en la nevera hasta que la necesite.

3

4

6

Lichis al Jengibre con Sorbete de Naranja

¡Este plato es verdaderamente delicioso! El fresco sabor del sorbete combina a la perfección con los lichis.

Para 4 personas

INGREDIENTES

SORBETE:
225 g de azúcar extra fino
450 ml de agua fría
350 g de mandarinas en lata, en zumo natural
2 cucharadas de zumo de limón

LICHIS RELLENOS:
425 g de lichis en lata, escurridos
60 g de jengibre (en conserva), escurrido y finamente picado

piel de lima muy fina, cortada en forma de rombos, para decorar

1 Para preparar el sorbete, colocar el azúcar y el agua en una cazuela y remover a fuego lento hasta que el azúcar se haya disuelto. Poner a hervir la mezcla a fuego rápido durante 2-3 minutos.

2 Entretanto, triturar las mandarinas en un procesador de alimentos o batidora hasta que no tengan grumos. Pasar la mezcla de la mandarina por un colador para obtener una salsa suave. Añadir la salsa de mandarina al almíbar, junto con el zumo de limón. Apartar y dejar enfriar.

3 Colocar la mezcla en un recipiente de plástico rígido que se pueda meter en el congelador y congelar hasta que se cuaje, removiendo ocasionalmente.

4 Entretanto, escurrir los lichis sobre papel de cocina absorbente (toallas de papel).

5 Colocar el jengibre picado en el centro de los lichis con una cuchara.

6 Colocar los lichis en platos individuales y servir con el sorbete de naranja.

SUGERENCIA

Es mejor dejar el sorbete en la nevera durante 10 minutos, para que se ablande un poco y lo pueda servir más fácilmente.

Plátanos Rebozados

Estos plátanos son muy sabrosos, así que es buena idea preparar el doble de cantidad para los invitados que no puedan resistirse.

Para 4 personas

INGREDIENTES

8 plátanos medianos
2 cucharaditas de zumo de limón
75 g de harina con levadura
75 g de harina de arroz
1 cucharada de Maizena (harina de maíz)
$^{1}/_{2}$ cucharadita de canela molida
250 ml de agua
4 cucharadas de azúcar moreno claro
abundante aceite, para freír

1 Cortar los plátanos a trozos y colocarlos en un recipiente grande.

2 Rociar el zumo de limón sobre los plátanos para que no se oscurezcan.

3 Colocar la harina, la harina de arroz, la Maizena (harina de maíz) y la canela en un recipiente. Añadir gradualmente el agua para formar una pasta poco espesa.

4 Calentar el aceite en una sartén china precalentada hasta que esté a punto de humear y después reducir el fuego ligeramente.

5 Tomar un trozo de plátano con un tenedor y sumergirlo cuidadosamente en la pasta, escurriendo el exceso. Repetir con el resto de los trozos de plátano.

6 Espolvorear el azúcar sobre un plato grande.

7 Colocar los trozos del plátano cuidadosamente en el aceite y freírlos durante 2-3 minutos, hasta que se doren. Sacar los trozos de plátano del aceite con una espumadera y rebozarlos con el azúcar. Colocarlos en cuencos individuales y servir inmediatamente con nata o helado.

SUGERENCIA

La harina de arroz se vende en tiendas de productos naturales o supermercados de productos chinos.

1

5

7

Índice